해커스가 만든 기본 영작문
WRITING START

www.goHackers.com

PREFACE

토플 학습서의 고전을 추구하며 펴낸 해커스 시리즈에 이어 마침내 많은 이들의 바람을 담아 Writing Start를 세상에 선보이게 되었습니다. 해커스 시리즈에 대한 많은 신뢰와 관심에 최고의 Writing 책으로 보답하고자 심혈을 기울여 만들어낸 결실을 이 한 권에 그대로 담았습니다. 해커스 기본 시리즈의 한 축으로 완성된 이 책을 통해, 모든 사람들과 양질의 정보를 공유하고자 하는 해커스의 정신을 변함없이 이어가고자 합니다.

Writing Start는 어렵게만 느껴지는 essay writing에 누구나 자신있게 다가갈 수 있도록 확실한 길잡이 역할을 하는 것에 그 뜻을 두고 있습니다. 특히 문법, 어휘, 구성의 논리성이라는 writing의 세 가지 핵심 요소를 단계적으로 익혀나감으로써 writing에 처음 도전하는 이라도 한 편의 훌륭한 에세이를 완성해내는 수준에 도달할 수 있도록 구성하였습니다.

토플 Writing을 준비하는 학습자들뿐만 아니라 일반적인 영문 작성에 보다 자신감을 갖고자 하는 많은 분들이 에세이 작성 실력을 향상시켜나가는 데 실질적인 보탬이 될 수 있는 책을 만들고자 하였습니다. Writing Start와 함께 한 달간의 학습 여정을 마무리하는 그 날, 어느새 writing에 대한 두려움 대신 자신감에 가득찬 여러분의 모습을 보게 될 것입니다.

해커스 리딩, 그래머, 보카와 더불어, 새롭게 여러분 곁에 다가온 Writing Start까지 여러분이 희망하는 그 길을 향해 함께 나아가는 든든한 동반자가 되기를 기원합니다.

David Cho

CONTENTS

	글쓰기 과정 미리 보기	6
	Hackers Writing Start의 구성	8
	Hackers Writing Start의 특징	10
	Hackers Writing Start 학습 방법	12
	나에게 맞는 학습법	14

라이팅을 위한 문법 — **1st week**

Introduction	18
1일 | 동명사, to 부정사	20
2일 | 분사	28
3일 | 명사절, 부사절	36
4일 | 관계절	44
5일 | It, There	52
6일 | 비교와 병치	60
Review Test	70
실수 클리닉 1	72

유형별 필수 표현 — **2nd week**

Introduction	76
1일 | 선호, 동의, 반대를 나타내는 표현	78
2일 | 비교, 대조, 양보를 나타내는 표현	86
3일 | 인과, 주장을 나타내는 표현	94
4일 | 조건, 가정, 추측을 나타내는 표현	102
5일 | 예시, 인용을 나타내는 표현	110
6일 | 부연 설명, 요약을 나타내는 표현	118
Review Test	126
실수 클리닉 2	128

주제별 필수 표현

3rd week

Introduction	132
1일 | 청소년, 대학 생활, 교육	134
2일 | 가정 생활, 공동체 생활, 사회, 국가	146
3일 | 건강, 질병, 자연 환경, 생활 환경	158
4일 | 생활 방식, 사고 방식	170
5일 | 문화, 예술, 과학, 기술	182
6일 | 직업, 돈, 사업, 경제	194
Review Test	206
실수 클리닉 3	208

에세이 쓰기

4th week

Introduction	212
1일 | 구조 잡기 1	214
2일 | 구조 잡기 2	222
3일 | 서론 쓰기	230
4일 | 본론 쓰기	234
5일 | 결론 쓰기	240
6일 | 실전 연습	244
Review Test	252
실수 클리닉 4	254

부록 Punctuation	258
정답	262

글쓰기 과정 미리보기

Writing Process

STEP 1 | 1분 | 에세이 문제를 꼼꼼하게 읽고 이해한다.

●●● 에세이 문제가 주어지면 질문의 요지를 정확하게 이해하고, 질문에서 요구하는 사항을 자신의 글에서 확실히 충족시켜 주어야 한다. 비교를 요구하면, 몇 가지 예를 들어 비교할 수 있어야 하고, 자신의 입장을 밝히라고 하면 양쪽 중 어디에 자신이 서 있는지를 분명히 밝혀 준다. 에세이 문제 유형은 6가지 유형으로 나눌 수 있으며, 이 유형들에 따라 글을 전개해 나가는 방법이 약간씩 차이가 난다. 이 부분은 4주에서 다룰 것이다.

STEP 2 | 5분 | 떠오르는 아이디어들을 정리하여 서론, 본론, 결론의 아웃라인을 작성한다.

●●● 질문에 대한 자신의 입장이 분명히 나타나도록 해야 한다는 것을 항상 염두에 두어야 한다. 찬성하는지 반대하는지, 두 가지 중 어떤 것을 선호하는 지에 대한 자신의 입장을 두드러지게 나타내 줄 수 있는 구체적인 근거들을 제시해야 하기 때문이다. 이도 아니고 저도 아니고 왔다 갔다 요점을 알 수 없는 글을 쓰게 되면 최악의 점수를 받을 수 밖에 없다. 이 사항들을 유의하여, 주제와 요점에서 크게 벗어나지 않게 계획을 한다. 서론은 일반적 진술에서 시작하여 그것을 구체화시킨 대주제문으로, 개념적으로 점점 좁아지도록 구성한다. 결론은 구체적 논지로부터 일반적 진술로 글을 마무리하는, 개념적으로 넓어지는 모양으로 구성한다.

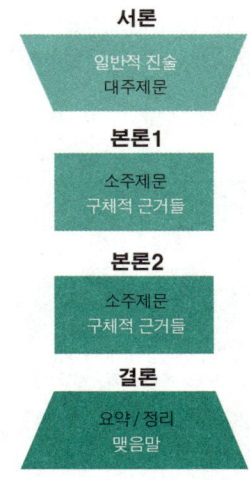

Hackers Writing Start

STEP 3	20분	아웃라인에 맞춰 완전한 문장들로 세부 내용을 덧붙인다. 반드시 본론에 명확한 근거가 되는 예들을 자세히, 그리고 가능한 한 많이 제시한다.

●●● 사실, 채점자는 여러분이 어떤 쪽을 지지하는지, 어느 쪽을 선호하는지에 관심을 갖는 것이 아니라, 여러분의 입장이 어떤 것이든, 그것을 어떻게 잘 뒷받침하는지, 얼마나 적절한 근거를 제시하는지를 평가한다. 일단 입장을 밝혔으면, 가능한 한 많은 예와 구체적인 근거로 자신의 의견을 지지한다. 어떤 일화나, 자신이 직접 겪은 경험을 예로 들어도 좋다. 위에서 설명한 구조대로, 체계적으로 조직된 글이 되게 한다.

STEP 4	4분	전체 에세이를 다시 읽고, 철자 오류나 동사 시제, 어휘 선택, 문장 구조 등을 재확인하고 수정한다.

●●● 문법과 철자는 원어민들조차도 가끔씩 오류를 저지를 수 있는 부분이다. 그러므로, 여러분도 실수를 범할 수 있다. 이미 잘 알고 있는 부분에서 순간적인 실수로 인해 감점을 당하는 일이 없도록 꼼꼼하게 검토할 시간을 갖도록 하자.

Hackers Writing Start의 구성

Organization

1	**1st week** **라이팅을 위한 문법**	문장을 쓸 때 필요한 필수적인 문법을 정리해서 설명하고, 그에 따라 문장을 구성하도록 함으로써, 작문 시 자주 생기는 문법 구조 사용에 대한 고민을 없애준다. 자신의 생각을 정확하게 문장으로 옮기는 것이 라이팅의 기본이므로, 주어진 문법 카테고리에 해당되는 기본적인 문장부터 좀 더 복잡한 문장까지 연습함으로써 라이팅의 기초를 다진다.
2	**2nd week** **유형별 필수 표현**	에세이 topic을 6개의 유형으로 분류한 뒤, 공통적으로 쓰이는 표현들을 내용별로 분류해서 각 유형에 자주 쓰이는 것끼리 묶어 정리했다. 이들은 자신의 주장을 펼치면서 글을 자연스럽게 엮어나가는데 도움이 되는 표현들로써 문장과 문장, 문단과 문단을 자연스럽게 연결시키는 역할을 한다.
3	**3rd week** **주제별 필수 표현**	topic을 내용별로 살펴보면 공통적으로 등장하는 몇 가지 주제들이 있다. 3주에서는 주제별로 묶은 단어와 숙어로 머릿속에 떠오른 표현을 영어로 옮기기 어려울 때 사용할 수 있도록 했다. 이 표현들은 에세이 내에서 key words로 유용하게 쓰일 수 있다.
4	**4th week** **에세이 쓰기**	에세이에서 고득점을 받기 위해서는, 어휘력과 문장력도 필요하지만, 문단 구성과 전개도 잘 해야 한다. 4주에서는 통일성 있는 내용의 각 단락들을 서론, 본론, 결론으로 짜임새 있게 구성하는 연습을 한다. 또한 의미의 흐름과 전환을 자연스럽게 하여 주제가 분명히 그리고 효과적으로 드러나는 논리적인 글을 쓸 수 있도록 한다.
5	**Daily Check-up**	매일 본문에서 학습한 내용을 바탕으로 1, 2, 3주에서는 복잡하지 않은 문장을 써보는 연습을 하고, 4주에서는 부분적인 에세이 작성 연습을 한다.

6	**Daily Test**	매일 실제 에세이에서 사용할 수 있는 문장을 써보는 연습을 한다. Daily Check-up보다 난이도가 높은 문장들로 구성되며, 실전 에세이에서 바로 활용할 수 있는 문장들을 직접 써보며 영작 훈련을 할 수 있다. 4주에서는 실전과 같은 에세이 쓰기 훈련을 하게 된다.
7	**Review Test**	한 주를 정리하면서 학습 정도를 진단하도록 했다. Daily Test와 마찬가지로 실제 에세이에 등장할 수 있는 문장을 써보도록 한다. 4주에서는 에세이 한 편을 작성한다.
8	**Jump-up Skills**	1주에서는 매일 본문에서 학습한 필수 문법에 대하여 좀 더 심화된 내용을 Jump-up Skills에서 예문과 함께 학습할 수 있도록 했다. 이를 통해 1주에서 학습하는 필수 문법이 문장에서 사용될 때의 문장 구조와 용법을 보다 자세히 익히고 다양한 문장으로 써보는 연습을 해볼 수 있다.
9	**실수 클리닉**	각 주의 마지막에 우리나라 수험생들이 작문시 자주 틀리는 표현이나 문법 사항을 정리한 것이다. 재미있는 그림과 함께 구성된 대화문을 공부하면서 가장 흔한 작문 실수를 예방할 수 있으며, 대화 내용에서 에세이 작성에 도움이 될 idea를 얻을 수 있도록 구성하였다.
10	**부록 Punctuation**	영작문에서 쓰게 될 구두점의 올바르고 효과적인 사용법을 예문과 함께 제시하였다.

Hackers Writing Start의 특징

Features

1. 영어 작문의 기본서

영작을 위한 필수 문법에서 완벽 에세이 구조까지 이 한 권에서 만날 수 있다. 라이팅에 필요한 맞춤 문법을 공부한 뒤 아이디어를 잡는 1000개 이상의 구문과 어휘를 공부한다. 그에 따라 585개의 문장 쓰기를 연습하고, 이렇게 쌓은 문장 실력을 바탕으로 에세이를 구성하는 연습을 한다.

2. 토플/IELTS 라이팅의 기초 공략

영작문 필수 문법에서 필수 표현 및 문장 쓰기, 그리고 에세이 구조 잡기 및 전체 작성 연습까지 토플 라이팅과 IELTS 라이팅의 기초를 단계적으로 다룸으로써, 확실한 만점 공략 학습법을 제시하고 있다.

3. 실제 시험에 그대로 적용 가능한 표현과 문장 수록

유형별·주제별 필수 표현은 에세이를 쓸 때 유용하게 활용할 수 있는 1000여개의 표현으로 구성되어 있으며, 특히 Daily Test에서는 실제 시험에 나올 법한 문장들을 써봄으로써 실제 시험에서 그대로 사용하거나 응용해서 쓸 수 있도록 했다.

4. 에세이 Topic 유형별 해법 제시

에세이 topic을 6개의 유형으로 나누어 각각의 유형에 대한 해법을 제시했다. 즉, 각 유형에 대비한 틀을 제시해서 어떤 topic과 마주치더라도 해당되는 유형의 틀 내에서 글을 전개해 나갈 수 있도록 했다.

Hackers Writing Start

5 영어 작문 4주 완성 프로그램

4개의 chapter가 각 6일로 구성되어 날짜별로 학습할 수 있게 하였고, 진도를 맞추어 나간다면 한달 동안 끝낼 수 있도록 했다. 또한, 매주가 끝날 때마다 Review Test를 통해 자신의 학습 상태를 진단할 수 있도록 했다.

6 다양한 연습문제를 통한 실전 훈련

같은 표현을 본문의 예문으로 익힌 뒤, Daily Check-up과 Daily Test에서 반복 학습함으로써, 표현을 완전히 자신의 것으로 만드는 동시에 실제 시험에서도 적용시킬 수 있도록 했다.

7 웹사이트와 함께 하는 입체 학습

온라인 토론과 정보 공유의 장인 고우해커스(goHackers.com)에서 교재를 학습하면서 생기는 의문에 대한 의견을 교환하고 다양한 무료 학습 자료를 공유할 수 있다.

8 단독 학습이나 스터디에 적합한 구성

본문의 표현을 익히고 연습 문제를 통해 스스로 문장을 써 볼 수 있도록 했기 때문에 따로 설명을 듣지 않고도 단독으로 학습하거나 스터디를 하기에 적당한 구성이다.

Hackers Writing Start 학습방법

How To Study

1 개별 학습
➯ 당일 분량의 본문을 학습한 뒤, 본문 내용을 적용시켜 Daily Check-up과 Daily Test를 푼다.

2 스터디 학습
➯ 1주 – 본문을 숙지해 온 뒤 함께 문장을 쓰면서 어떤 문법 구조가 적용되었는지 이야기해 본다.
➯ 2주, 3주 – 본문의 표현을 외워온 뒤, 문장을 써보고 공통적으로 틀린 부분에 대해 이야기해 본다.
➯ 4주 – 모범 에세이가 제시된 topic 외에 다른 topic으로 에세이를 작성한 후, 서로의 글을 첨삭해 주고 문제점을 토론해 본다.

3 보충 학습
➯ 본인이 취약하다고 생각하는 유형이나 주제를 다시 복습하고, 실전 시험을 보듯이 시간을 재며 에세이를 쓰는 연습을 해본다.

1st week	Day	1st day	2nd day	3rd day	4th day	5th day	6th day	7th day
	Progress	1주 1일	1주 2일	1주 3일	1주 4일	1주 5일	1주 6일	Review Test

2nd week	Day	8th day	9th day	10th day	11th day	12th day	13th day	14th day
	Progress	2주 1일	2주 2일	2주 3일	2주 4일	2주 5일	2주 6일	Review Test

4 학습 TIP

- 틀린 문장은 표시한 뒤 답을 보지 말고 다시 고쳐 써본다. 왜 틀렸는지 생각해 보고 체크해 놓는다.
- 에세이를 쓸 때는 30분 안에 쓰도록 해서 실제 시험의 시간 제한에 미리 익숙해 지도록 한다.
- 스터디를 할 경우에는 2주와 3주가 각각 끝났을 때 그 주의 표현을 모두 알고 있는지 시험을 보는 것도 좋다.
- 매일의 분량을 끝내지 못했을 경우 계속 진도를 나가되, Review Test를 보기 전에 그 주에 못한 부분을 학습한다. 4주의 시간이 부족할 경우에는 마지막 7일은 Review Test를 보는 대신 끝내지 못한 부분을 공부하도록 하고, 4주를 다 끝낸 뒤에 각 주의 Review Test를 풀도록 한다.

3rd week	Day	15th day	16th day	17th day	18th day	19th day	20th day	21st day
	Progress	3주 1일	3주 2일	3주 3일	3주 4일	3주 5일	3주 6일	Review Test

4th week	Day	22nd day	23rd day	24th day	25th day	26th day	27th day	28th day
	Progress	4주 1일	4주 2일	4주 3일	4주 4일	4주 5일	4주 6일	Review Test

나에게 맞는 학습법

Where To Start

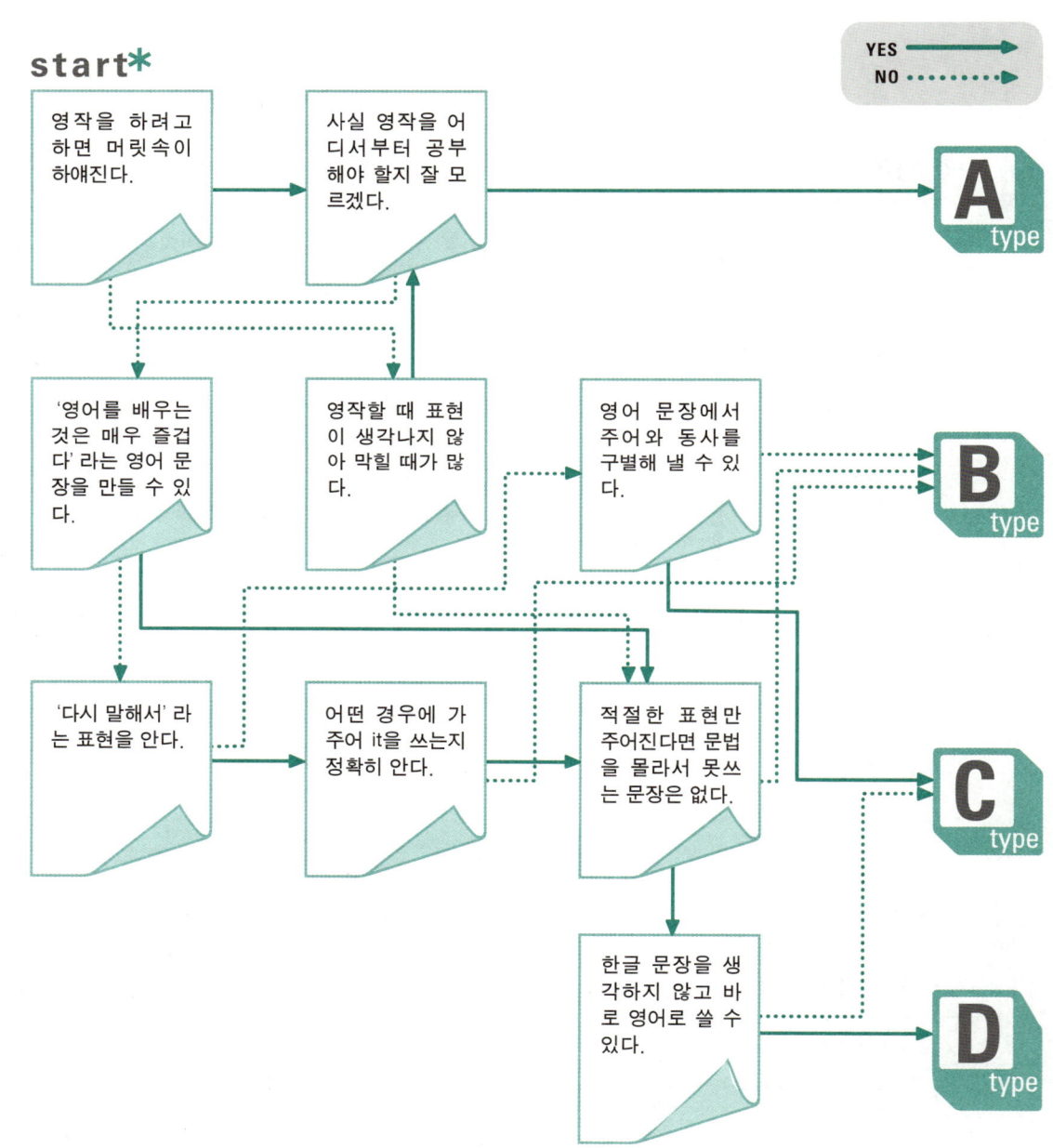

Hackers Writing Start

 왕초보형   문법 실력과 아이디어 부족이라는 총체적 난관에 빠져 있군요. 학습 스케줄에 따라 한 달 동안 처음부터 차근히 보고, 일주일 동안 빠르게 다시 한 번 더 보는 것이 좋겠습니다.

 초보형   기본 문법 실력은 어느 정도 갖추고 있지만, 라이팅 실력으로 연결시키지는 못하는군요. 또한 영어 표현이 잘 생각나지 않아 글을 쓰다가 막히는 경우가 생기겠네요. 영작 초보에게서 흔히 나타나는 현상이죠. 학습 스케줄에 따라 한 달간 공부하세요.

 기본탄탄형   문법은 거의 완벽하지만, 표현력이 부족합니다. 1주에서는 에세이 작성의 복병인 명사절, 부사절, 관계절 부분만 공부하세요. 1, 2주와 3주와 4주를 각각 일주일씩 공부해서 삼주 동안 끝내세요.

 중급형   문법과 표현력 모두 상당한 수준이니, 에세이를 구성하는 능력만 키우면 되겠군요. 1, 2, 3주에서는 모르는 내용만 체크해서 공부하세요. 4주는 원래 schedule대로 공부하세요. 1, 2, 3주와 4주를 각각 일주씩 공부해서 이주 만에 끝내세요.

1st week

[라이팅을 위한 문법]

Introduction

1일		동명사, to부정사
2일		분사
3일		명사절, 부사절
4일		관계절
5일		It, There
6일		비교와 병치

Review Test

실수 클리닉 1

INTRO 1st week 라이팅을 위한 문법

1주 〈라이팅을 위한 문법〉에서는 글의 가장 기본이 되는 문장(Sentence)을 바르게 쓰기 위한 기본 문형과 문법을 공부한다. 문법적으로 틀린 글을 쓰게 되면, 아무리 좋은 아이디어를 담았다 하더라도 좋은 글이 될 수 없고, 문법적 실수가 실제 시험의 감점 요인이 되는 것을 생각해 볼 때, 영어 작문의 첫 단계로 문법을 공부하는 것은 매우 의미 있는 일이다.

1. 문장을 이루는 기본 요소

● **주어(Subject)**
문장에서 행위나 상태, 성질의 주체가 되는 것으로 '-은/-는/-이/-가'가 붙는 어구에 해당한다. 명사의 역할을 하는 것은 모두 주어가 될 수 있다.
[Ex] **별**이 빛난다.

   The stars   shine.
    주어   동사

● **동사(Verb)**
문장에서 주어의 동작, 상태, 성질을 나타내는 것으로 '-이다/-하다'가 붙는 어구에 해당한다.
[Ex] 별이 **빛난다**.

   The stars   shine.
    주어   동사

● **목적어(Object)**
문장에서 동사가 나타내는 행위의 대상이 되는 것으로 '-을/-를'이 붙는 어구에 해당한다.
[Ex] 나는 **별들**을 보았다.

   I   saw   the stars.
  주어 동사   목적어

● **보어 (Complement)**
문장에서 동사가 불완전 할 때 주어나 목적어를 보충해 주는 역할을 하는 것이다. 보어를 반드시 필요로 하는 대표적인 동사가 be동사라는 것을 알면 이해하기 쉽다.
[Ex] 태양은 **별**이다.

   The sun is   a star.
    주어   동사 주격보어

[Ex] 나는 별이 **빛나는** 것을 보았다.

   I   saw   the stars   shining.
  주어 동사   목적어   목적격 보어

2. 문장의 확장

문장들이 의미상 밀접하게 연결되어 있을 때, 문장의 기본 단위인 [주어+동사]를 여러 개 연결해서 하나의 문장으로 만들 수도 있다. 이 때 문장 속에 포함된 [주어+동사]를 '절' 이라고 부르며, 각 절들은 접속사로 연결한다.

등위접속사 and, but, or, so, for 등으로 대등하게 연결된 두 개의 절을 대등절이라 한다. 그리고 두 절이 대등하지 않은 관계로 연결되어 하나의 절이 다른 절 속에서 명사, 형용사, 부사 중 한가지 역할을 하는 절을 종속절이라 한다. 짧은 기본 문장들을 나열하는 대신 함께 묶어서 하나의 문장으로 만들면 더 세련된 표현을 할 수 있다.

나는 유성을 보았다.   나는 소원을 빌었다.
I saw a shooting star. + I made a wish.

⇩

나는 유성을 보고는, 소원을 빌었다.
I saw a shooting star, and I made a wish.

> 두 문장을 접속사(and)로 연결하여 한 문장으로 표현할 수 있다. 문장과 문장이 동등한 관계로 연결될 수가 있으며, 이를 '대등절' 이라 한다.

나는 안다.   태양은 별이다.
I know ~. + The sun is a star.

⇩

나는 태양이 별이라는 것을 안다.
I know that the sun is a star.
주어 동사   명사절 목적어

> 동사 know의 목적어로 절을 취해야 할 경우, '명사절'을 써 준다.

나는 별들을 보았다.   그 별들은 하늘에서 빛나고 있었다.
I saw the stars. + The stars were shining in the sky.

⇩

나는 하늘에서 빛나고 있는 별들을 보았다.
I saw the stars that were shining in the sky.
주어 동사 목적어   관계절

> 두 문장에 공통된 'the stars' 로써 이들을 연결하면, 뒤의 문장은 앞 문장에서의 목적어 'the stars' 를 수식하는 구조가 된다. 명사를 수식하는 것은 형용사이므로 '형용사절(관계절)' 을 써 준다.

나는 별들을 보았다.   그 별들은 빛나고 있다.
I saw the stars. + The stars were shining.

⇩

내가 별들을 보았을 때, 그것들은 빛나고 있었다.
When I saw the stars, they were shining.
   부사절   주어   동사

> 앞 문장을 '~할 때' 라는 의미를 나타내게 하여 두 문장을 연결하면, 뒤의 문장을 수식하는 시간의 부사 역할을 하게 된다. 이를 '부사절' 이라고 한다.

[1일 ——— 동명사, to 부정사]

overview

'나는 쓰기를 좋아한다' 라는 간단한 표현을 영어로 써 보자.
나는 좋아한다 → I like, 이 때 like의 목적어 자리에는 '쓰다' 라는 동사 write가 필요하지만, 동사 형태 그대로 쓸 수는 없다. 목적어가 될 수 있는 것은 명사이기 때문이다. 이럴 때, 우리는 write에 '~ing' 를 입혀서 쓴다.
⇨ I like **writing**.

동사가 문장 내에서 명사, 형용사, 부사처럼 쓰일 때는 동사 그대로 쓸 수 없으며 명사, 형용사, 부사로 쓰일 수 있는 옷으로 갈아입어야 한다. 그것이 바로 동명사(동사 원형 + -ing), to 부정사(to + 동사원형), 분사(동사 원형 + -ing/-ed)이다. 먼저 1일에 동명사와 to 부정사에 관해 살펴보고 2일에 분사에 관해 살펴보겠다.

01 | "~하는 것/ ~하기" 라는 말은 [동명사]나 [to 부정사]로 쓴다.

동명사, to 부정사는 문장 내에서 마치 명사처럼 주어, 목적어, 보어로 쓰일 수 있다.

표현 만들기

외국어를 말하는 것	**speaking** a foreign language
	to speak a foreign language
자신에 대해 배우는 것	**learning** about oneself
	to learn about oneself
춤추는 것	**dancing**
	to dance
피아노 치는 것	**playing** the piano
	to play the piano

문장 써보기

● 외국어를 말하는 것은 어렵다.

Speaking a foreign language
To speak a foreign language is difficult.   [주어 역할]

> 동명사와 to 부정사 둘 다 주어로 쓸 수는 있으나 to 부정사는 주어로 잘 쓰지 않는 경향이 있다. to 부정사 주어를 쓸 경우에는 주로 It 가주어를 쓴다. (5일 It, There 편에 자세히 나와 있다.)
>
> It is difficult **to speak a foreign language**.

● 인생이란 자신에 대해 배우는 것이다.

Life is **learning about oneself.**
         to learn about oneself.   [보어 역할]

● 나는 **춤추는 것**을 좋아한다.

I enjoy **dancing**.   [목적어 역할]

> 이 경우 I enjoy to dance. 라고는 쓸 수 없다. enjoy가 동명사만 목적어로 취하는 동사이기 때문이다. 이처럼 동명사만 목적어로 취하는 동사와 to 부정사만 목적어로 취하는 동사가 따로 있으며, 둘 다 취하는 동사도 있다. 따라서 동사의 목적어를 쓸 때는 동명사를 쓸지 to 부정사를 쓸지에 주의해야 한다.
>
> ● to 부정사를 취하는 동사   want, decide, demand, plan, hope, agree, ask, etc.
> ● 동명사를 취하는 동사   stop, avoid, admit, enjoy, deny, quit, give up, etc.
> ● 둘 다 취하는 동사   like, love, hate, continue, prefer, begin, start, etc.

● 나는 피아노 치는 것에 능숙하다.

I am good at **playing the piano**.   [전치사의 목적어 역할]

> 이 경우 I am good at **to play the piano**. 라고는 쓸 수 없다. 전치사의 목적어로는 to 부정사를 쓸 수 없으며, 반드시 동명사를 쓴다. object to, look forward to, be used to 등에서 to는 to 부정사의 to가 아니라 전치사임을 기억하자.
>
> 나는 기다리는데 반대한다.   나는 너를 보기를 고대한다.
> I object to waiting.   I look forward to seeing you.

02 | "(해야) 할 명사"는 [명사 + to 부정사]로 쓴다.

to 부정사는 형용사처럼 명사를 수식한다.

표현 만들기

해야 할 숙제   homework **to do**
쇼핑할 시간   time **to shop**

문장 써보기

● 나는 해야 할 숙제가 있다.
I have **homework to do**.   [형용사 역할]

● 나는 오후에 쇼핑할 시간이 있었다.
I had **time to shop** in the afternoon.   [형용사 역할]

03 | "~하기 위해"는 [to 부정사]로 쓴다.

to 부정사는 부사처럼 동사를 수식해준다.

표현 만들기

살기 위해   **to live**
가족과 함께 지내기 위해   **to stay** with her family

문장 써보기

● 나는 살기 위해 먹는다.
I eat **to live**.   [부사 역할]

● 그녀는 가족과 함께 지내기 위해 부산에 갔다.
She went to Busan **to stay with her family**.   [부사 역할]

> '~하기 위해'의 뜻으로 [in order to 부정사] 혹은 [so as to 부정사]가 쓰이기도 한다. 이는 '왜?'라는 질문에 대한 답이 되며, 목적의 의미를 강조할 때 쓰인다.
>
> 나는 살기 위해 먹는다.
> I eat **in order to live**.

Jump-up Skills

1. **to 부정사와 동명사에는 기본적인 의미 차이가 있다.**
   to 부정사에는 '미래, 계획' 의 의미가, 동명사에는 '이미 한 행위' 나 '행위 그 자체' 라는 의미가 들어 있다.

   나는 춤을 추고 싶다. → I like **to dance.**
   ('아직 춤추지는 않았는데 지금 추고 싶다' 라는 의미이다.)

   나는 춤추는 것을 좋아한다. → I like **dancing.**
   ('꼭 지금 춤추고 싶다' 라는 의미가 아니라 '원래 춤추는 것을 좋아한다', '춤추는 행위 그 자체를 좋아한다' 가 된다.)

2. **동명사와 to 부정사의 부정은 not 혹은 never등의 부정어를 붙이면 된다.**

   그들은 아이들을 데려오지 않은 것을 후회한다.
   They regret **not bringing** their children.

   나는 절대로 포기하지 않겠다고 결심했다.
   I decided **never to give up.**

3. **"무엇을 / 어디서 / 언제 / 어떻게 ~ 할지"는 [what / where / when / how + to 부정사]로 표현한다.**
   to 부정사는 의문사와 함께 명사구 기능을 한다.

   무엇을 공부할 지 잊어버렸다.
   I forgot **what to study**.

4. **"A에게 (to 부정사)할 것을 ~하다"는 [동사 + A + to 부정사]로 쓴다.**
   이런 형식을 취하는 동사로는 advise, tell, ask, promise, want 등이 있다.

   그는 내게 떠날 것을 요구했다.
   He **asked me to leave.**

5. **"너무 (형용사)해서 (to부정사)할 수 없다"는 [too + 형용사 + to 부정사]로 표현한다.**
   부정의 의미이지만 표현에 not이 들어가지 않음에 주의한다.

   빵이 너무 단단해서 자를 수 없다.
   The bread is **too hard to slice.**

6. **"(to 부정사)할 만큼 충분히/충분한"는 [형용사 + enough + to 부정사], [enough + 명사 + to 부정사] 로 표현한다.**

   그 독은 너를 죽일 만큼 충분히 독하다.
   The poison is **strong enough to kill** you.

   이것은 너를 죽일 만큼 충분한 독을 가지고 있다.
   This has **enough poison to kill** you.

Hackers Writing Start

[1일 Daily Check-up]

① 약을 너무 많이 먹는 것은 당신의 건강에 해로울 수도 있다.
　　＊ ~에 해롭다 : be harmful to

② 그의 유일한 취미는 정원을 가꾸는 것이다.
　　＊ 정원을 가꾸다 : garden

③ 그 소녀는 울음을 멈추고 자신의 아버지를 올려다 보았다.

④ 나는 인터넷에서 정보를 검색하는 것에 익숙하다.
　　＊ ~를 찾다, 검색하다 : search for　　＊ ~에 익숙하다 : be used to 동명사

⑤ 나는 운동을 시작하기로 결심했다.
　　＊ 운동하다 : work out

⑥ 너는 그 문제를 풀 만큼 충분한 지성(intellect)을 지니고 있다.

⑦ 우리는 참여할 스터디 그룹을 찾았다.
　　＊ 참여하다 : take part in

⑧ 그들은 내가 시간을 지킬 것을 충고했다.
　　＊ A에게 ~할것을 충고하다 : advise A to 부정사　　＊ 시간을 지키다 : be on time

⑨ 그는 그들에게 자신의 가족 사진을 보여주기 위해 지갑을 꺼냈다.
　＊ ~를 꺼내다 : bring out~ (= bring ~ out)

___

⑩ 비가 너무 많이 와서 낚시하러 가지 못했다.
　＊ 낚시하러 가다 : go fishing

___

⑪ 너를 만나서 기쁘다.

___

⑫ 나는 부엌을 청소하는 것에 동의했다.

___

⑬ 그녀는 시험에서 부정행위를 한 것을 부인했다.
　＊ ~에서 부정행위를 하다, 속이다 : cheat on ~　　＊ 부인하다, 부정하다 : deny

___

⑭ 나는 회의 일정을 다시 잡는 것에 반대한다.
　＊ ~의 일정을 다시 잡다 : reschedule ~

___

⑮ 사람들은 발전하기 위해 자신의 실수로부터 배워야 한다.
　＊ 발전하다, 진보하다 : make progress

정답 p. 262

❶ 텔레비전을 너무 많이 보는 것은 아이들에게 나쁘다.

❷ 내가 스트레스를 풀기 위해 즐기는 방법은 달리기이다.
　＊ 즐기는, 좋아하는 : favorite　　＊ 스트레스를 풀다 : relieve stress

❸ 무엇보다도, 나는 내 친구들과 시간을 보내는 것을 즐긴다.
　＊ 무엇보다도 : above all

❹ 연습을 통해서, 나는 체스를 두는데 능숙해지게 되었다.
　＊ ~하는데 능숙하다 : be skilled at 동명사　　＊ 연습을 통해서 : through practice

❺ 대부분의 사람들은 낮에 일하는 것을 선호하지만, 나는 밤에 가장 좋은 성과를 낸다.
　＊ 가장 좋은 성과를 내다 : get one's best work done

❻ 자유 시간을 갖는 것의 최고의 부분은 쉴 수 있다는 것이다.
　＊ ~할 수 있다 : be able to 부정사

❼ 나이 많은 사람들은 마음을 늘 열어 두는 것을 배워야 한다.
　＊ A를 ~의 상태로 두다, 유지하다 : keep A ~ (~는 명사, 형용사, 부사 중 하나)

❽ 지도자들은 다른 사람들을 자극할 방법을 찾는다.
　＊ 자극하다, 동기를 주다 : motivate

❾ 사람들은 현실(reality)로부터 떨어져 잠깐 쉬기 위해 영화를 본다.
　＊ ~로부터 떨어져 잠깐 쉬다 : take a break from ~

❿ 이것은 점수가 낮은 학생들이 학업 성적을 개선하는 것을 가능하게 만든다.
　＊ 학업 성적 : academic performance　　＊ 점수가 낮은 학생들 : students with low grades

⓫ 긴 여름 방학은 학생들이 시간이 상당히 많이 걸리는 일들, 가령 먼 곳에 사는 친척들(relatives)을 방문하는 것과 같은 일들을 할 수 있도록 해준다.
　＊ A가 ~할 수 있도록 하다 : allow A to 부정사　　＊ 시간이 상당히 많이 걸리는 일들 : things that take a good deal of time
　＊ 가령 ~와 같은 : such as ~

⓬ 인생에서 진정으로(truly) 성공적이기 위해서는, 상식(common sense)을 가질 필요가 있다.
　＊ ~할 필요가 있다 : need to 부정사

⓭ 어떤 업무들(tasks)은 너무 어려워서 혼자서는 처리할 수 없다.
　＊ 처리하다 : handle

⓮ 날마다 날씨가 변하지 않는 지역에 사는 것은 좋을 것 같다.
　＊ 날마다 : on a daily basis　　＊ ~할 것 같다 : would 동사원형　　＊ ~하는 지역 : an area where 주어 + 동사

⓯ 나는 매우 빠른 속도로 삶을 사는 것을 좋아한다.
　＊ 빠른 속도로 : at a fast pace

정답 p. 262

[2일 ──────────────── 분사]

overview

'부러진 화살'은 영어로 'a **broken** arrow'가 된다. break를 그대로 써서 명사를 수식할 수는 없으며 '부러진'이라는 의미를 나타내는 형용사로 쓰려면 과거분사가 되어야 한다.

동명사나 to 부정사 형태로 동사를 명사, 형용사, 부사처럼 쓸 수 있었듯이, 동사가 분사 형태(동사원형 + ~ing/-ed)로 쓰이면 형용사나 부사처럼 기능하게 된다.

01 "~하는(~한)"이라는 표현은 [**현재분사(~ing)**]로, "~된(~당한)"이라는 표현은 [**과거분사(~ed)**]로 쓴다.

분사는 문장 내에서 형용사처럼 명사를 수식하거나 보어로 쓰인다.

 표현 만들기

날으는 원숭이	a **flying** monkey
도난당한 시계	a **stolen** watch
피곤하다	feel **tired**
그녀가 노래하는 것을 듣다	hear her **singing**

 문장 써보기

● 날으는 원숭이를 본 적 있니?
　Have you ever seen **a flying monkey**?　　　　　[명사 수식 현재분사]

● 나는 그가 **도난당한 시계**를 차고 있는 것을 봤다.
　I saw him wearing **the stolen watch**.　　　　　[명사 수식 과거분사]

● 나는 매일 **피곤하다**.
　I **feel tired** everyday.　　　　　　　　　　　　[주격 보어 과거분사]

● 나는 그녀가 욕실에서 **노래하는 것을** 들었다.
 I heard her singing in the shower.　　[목적격 보어 현재분사]

현재분사와 과거분사의 의미 차이
현재분사는 능동[직접 ~하는]의 의미를 가지고, 과거분사는 수동[~된, ~당하는]의 의미를 가진다. 가령, excite (~를 흥미롭게 하다, 흥분시키다)라는 동사의 경우를 보자.

❶ exciting(현재분사) : '흥미있게 해주는, 흥분시키는' 의 의미
　　exciting movies(재미있는 영화), **exciting** games(신나는 게임)과 같이 쓰인다.

❷ excited(과거분사) : '흥미 있어 하는, 흥분된' 등 excite라는 행위를 당한다는 의미
　　an **excited** boy(신이 난 소년), greatly **excited** people(매우 흥분한 사람들)과 같이 쓰인다.

대개 분사는 명사 앞에서 [분사+명사]의 어순으로 수식하지만, 분사에 다른 단어가 따라 나올 때, 즉 분사가 구를 이룰 때는 [명사 + 분사구]의 어순이 된다.

　잠자는 고양이　a **sleeping** cat

　탁자 밑에서 잠자는 고양이　a cat **sleeping** under the table

02 "~할 때/~하기 때문에/~하지만/~한다면/~한 채로, [주어]가 [동사]하다" 와 같은 표현은 [분사구문, 주어 + 동사] 형태의 문장으로 쓸 수 있다.

[부사절 + 주절]의 문장 형태를 간단하게 쓸 수 있는 방법이 바로 분사구문으로 바꿔서 표현하는 것이다. 분사구문을 쓰게 되면 표현이 간명하고 세련되었다는 느낌을 줄 수 있다.

표현 만들기

그녀를 봤을 때	**Seeing** her,
	('when 주어 saw her'의 부사절로 쓸 수도 있다.)
차에 치었기 때문에	**Hit** by a car,
	('because 주어 be동사 hit by a car' 의 부사절로 쓸 수도 있다.)
뒤돌아 본다면	**Turning** around,
	('if 주어 turn around'의 부사절로 쓸 수도 있다.)
음악을 들으면서	**Listening** to music,
	(동시 상황, 혹은 연속적으로 일어난 동작을 나타낼 때는 주로 분사구문을 쓴다.)

문장 써보기

- 그녀를 봤을 때, 나는 심장이 멈추는 것을 느꼈다.
  Seeing her, I felt my heart stop. [시간의 분사구문]

- 차에 치었기 때문에, 그는 병원에 가야 했다.
  Hit by a car, he had to go to hospital. [이유의 분사구문]

- 뒤돌아 본다면, 너는 큰 빌딩을 보게 될거야.
  Turning around, you will see a big building. [조건의 분사구문]

- 음악을 들으면서, 나는 잠들었다.
  Listening to music, I fell asleep. [동시상황의 분사구문]

주절의 주어와 일치하지 않는 주어로 분사구문을 만드는 경우도 있다.

Lisa가 그 연극을 좋아해서, 우리는 그녀에게 티켓을 사 주었다.
Lisa loving the play, **we** bought the ticket for her.

문법적으로 틀린 문장은 아니지만, 분사의 주어가 주절과 일치하여 분사구문 부분에 주어를 생략하는 문장에 비해 잘 쓰이지 않으며, 어색한 느낌을 주게 된다. 그래서, 이런 경우에는 **부사절을 쓰는 것이 더 자연스럽다.**

→ Because Lisa loved the play, we bought the ticket for her.

분사구문을 쓸 때, 현재분사를 쓸 지, 과거분사를 쓸 지는 주절의 주어에 의해 결정된다.
주어가 그 행위를 하는 주체(능동의 의미)이면 현재분사, 주어가 그 행위를 당하는 대상(수동의 의미)이면 과거분사를 쓴다.

그는 차에 치었기 때문에 병원에 가야 했다.
Hit by a car, **he** had to go to hospital.

사람을 쳐서 버스 운전사는 체포되었다.
Hitting a man, **the bus driver** was arrested.

분사구문에서 접속사를 써 줄 수도 있다.
원칙적으로 분사구와 주절의 의미 관계(시간, 이유, 양보, 조건 등)가 명확할 경우 생략해도 되지만, 생략하지 않고 그대로 쓰는 경우도 많다. 그리고 약간이라도 의미가 모호하다 싶을 때는 반드시 접속사를 쓰도록 한다.

도움을 청하기 전에, 너는 최선을 다해야 한다.
Asking for help, you should do your best.

접속사가 빠졌기 때문에 의미가 모호하다. '도움을 청하는 것' 과 '최선을 다하는 것' 의 관계를 봐서, '도움을 청하기 전에' 라고 해석할 확률이 100%가 아니라면 접속사를 써 주자.

→ **Before asking** for help, you should do your best.

Jump-up Skills

1. **분사의 부정은 분사 앞에 not 혹은 never를 붙여 준다.**

   잠을 충분히 **못 자서**, 나는 하루 종일 피곤했다.
   Not sleeping enough, I felt tired all day.

2. **"(명사)를 ~하면서, ~한 채로"의 표현은 [with + 명사 + 분사]로 쓴다.**
   현재분사냐 과거분사냐는 앞의 명사와의 관계에 의해 결정된다. 능동의 관계이면 현재분사, 수동의 관계이면 과거분사를 쓴다.

   그녀는 **아이를 재우면서** 책을 읽었다.
   She read a book **with her baby sleeping.**

   그는 **눈을 감은 채** 노래를 들었다.
   He listened to the song **with his eyes closed.**

3. **명사나 부사가 분사와 하이픈으로 연결된 [명사-분사], [부사-분사]의 형태는 마치 하나의 단어처럼 쓰인다.**

   영어로 말하는 → English-speaking
   잘 알려진 → well-known

   그 교수는 그의 연구 분야에서 **잘 알려져 있다.**
   The professor is **well-known** in his field of work.

4. **"~를 -당하다, (누군가를 시켜서) ~를 -하게 하다"의 표현은 [주어 + have + 목적어 + 과거분사]로 쓴다.**

   나는 지갑을 **도둑 맞았다.**
   I **had** my wallet **stolen.**

   나는 프린터를 수리하게 했다.
   I **had** the printer **mended.**

[**Hackers Writing Start**   2일 **Daily Check-up**]

① 말하는 앵무새가 나의 주의(attention)를 끌었다.
    ＊ 끌다, 끌어당기다 : attract

② 우리를 향해 오고 있는 소녀가 Jessica이다.

③ 그는 양념이 된 스테이크를 먹는 것을 즐긴다.
    ＊ 양념하다 : season

④ 파티에 초대된 많은 사람들이 있었다.
    ＊ ~가 있다 : There + be 동사

⑤ 나는 네가 개를 산책시키는 것을 보았다.
    ＊ ~를 산책시키다, 걷게 하다 : walk ~

⑥ 그녀는 프린터를 고치게 했다.
    ＊ 고치다, 수리하다 : fix

⑦ 길을 걸어가다가, 나는 Ben과 우연히 마주쳤다.
    ＊ ~와 우연히 만나다 : run into ~

⑧ 그 도둑은 한 남자에게 쫓김을 당하며, 모퉁이를 돌아 뛰었다.
    ＊ ~를 쫓아가다, 따르다 : follow   ＊ 모퉁이를 돌아서 : around the corner

⑨ 그것이 다른 학생의 잘못(fault)이라는 것을 몰랐기 때문에, 선생님은 나를 야단쳤다.
  * 야단치다 : scold

⑩ 그와 이야기 하는게 지루해서, 나는 양해를 구하고 그 방을 떠났다.
  * ~하는데 지루하게 하다 : bore with ~   * 양해를 구하고 : with an excuse

⑪ 왼쪽으로 돌면, 당신은 편의점(convenience store)을 찾을 것이다.

⑫ 해변을 따라서 걷다가, 우리는 게(crab)를 잡았다.
  * ~를 따라 걷다 : walk along ~

⑬ 돈을 갖고 있지 않았기 때문에, 나는 거지(beggar)에게 약간의 음식을 주었다.

⑭ 부모님들에 의해 궁지에 몰려, 그 소년은 마침내 진실을 말했다.
  * 궁지에 몰다 : corner

⑮ 개척자들(pioneers)은 자신들의 옛 삶들을 뒤에 남겨둔 채, 서쪽으로 이동했다.
  * ~를 뒤에 남겨 두다 : leave behind ~

정답 p. 262

Hackers Writing Start — 2일 Daily Test

❶ 자동차의 증가하는 숫자는 대도시의 심각한 대기 오염과 관계가 있다.
　　＊ ~와 연관되어 있다 : be related to ~　　＊ 대기오염 : air pollution

❷ 당신은 화학 쓰레기를 방출하는 공장 근처에 살고 싶어하지 않을 것이다.
　　＊ 방출하다 : emit　　＊ 화학 쓰레기 : chemical wastes

❸ 아이들에 의해 시청되는 몇몇 프로그램들은 재미있고 교육적이다.
　　＊ 재미있는 : fun　　＊ 교육적인 : educational

❹ 당신은 책 속에 쓰여진 가치 있는(priceless) 지혜(wisdom)를 발견할 수 있다.

❺ 나는 많은 학생들이 수업 시간에 밖에서 빈둥거리는 것을 보았다.
　　＊ 빈둥거리다 : idle away　　＊ 수업 시간에 : during school hours

❻ 시골(countryside)에서 자랐기 때문에 나는 야외에서 지내는 것이 아이들에게 좋은 점들을 알고 있다.
　　＊ 자라다 : grow up　　＊ 좋은 점, 혜택: benefits　　＊ 야외에 : outdoors

❼ 역사적인 인물을 만날 기회가 주어진다면, 나는 앨버트 아인슈타인(Albert Einstein)을 만나고 싶어할 것이다.　　＊ 역사적인 인물 : a historical figure

❽ 식당에서 형편없는(poor) 서비스에 마주칠 때, 나는 즉시 내 불만(dissatisfaction)을 표현한다.
　　＊ 부닥치다, 마주치다 : encounter　　＊ 즉시, 빨리 ~하다 : be quick to 부정사　　＊ 표현하다 : express

❾ 우리 나라를 대표하는 어떤 것 하나(one thing)를 보내라고 요구 받는다면, 나는 반도체 칩을 선택하겠다.
　＊ ~할 것을 요구받다 : be asked to부정사　　＊ 대표하다 : represent　　＊ 반도체 칩 : a semiconductor chip

❿ 이제 좋은 상사를 가지게 되어서, 나는 다른 사람들이 얼마나 부족했었는지를 알게 되었다.
　＊ 알게 되다, 깨닫다 : realize　　＊ 부족한 : deficient　　＊ 얼마나 ~한지 : how ~ 주어 + 동사

⓫ 개인적인 경험을 통해(through) 배운 교훈(lessons)은 너와 함께 머무른다. 그러나 충고는 그렇지 않다.

⓬ 주위 산만(distractions)을 꺼려하여, 나는 혼자 공부하는 것을 선호한다.
　＊ ~을 꺼리다, 두려워하다 : be afraid of ~　　＊ 혼자서 : by oneself

⓭ 잘 계획된 활동이 당신의 여가 시간(free time)을 더 유쾌하게 해준다.
　＊ 유쾌한, 즐거운 : enjoyable

⓮ 부모님이 집안일(household tasks) 하는 것을 도우면서, 아이들은 책임감(responsibilities)을 배울 수 있다.　＊ A가 B하는 것을 돕다 : help A with B

⓯ 이웃(neighborhood)을 통과해 가는 차들은 지속적인 소란이 될 것이다.
　＊ ~를 통과해 지나가다 : pass through　　＊ 지속적인 소란 : a constant disturbance

[3일 ──── 명사절, 부사절]

overview

'내가 너를 좋아한다는 것' 을 영어로 표현해 보자. 이 때, 주어와 동사, 그리고 목적어 이외에 '~한다는 것' 을 나타내 줄 단어가 필요하다. 그래서 **'that** I like you' 로 쓰면 된다. '~한다는 것' 은 명사 역할을 하므로 이런 표현을 명사절이라고 부른다.

'네가 책을 읽을 때' 를 표현하기 위해서는 주어와 동사 이외에 '~할 때' 의 의미를 나타내는 단어가 필요하다. 그래서 **'when** you read a book' 으로 쓴다. '~할 때' 는 시간의 의미로 부사 역할을 하므로 이런 표현을 부사절이라고 한다.

01 | "주어가 ~ 하는 것 / ~하는지" 라는 말은 [명사절]로 쓴다.

명사절은 문장 내에서 명사처럼 주어, 보어, 목적어, 전치사의 목적어 그리고 동격으로 쓰인다.
- 명사절 = [명사절 접속사 + (주어) + 동사]

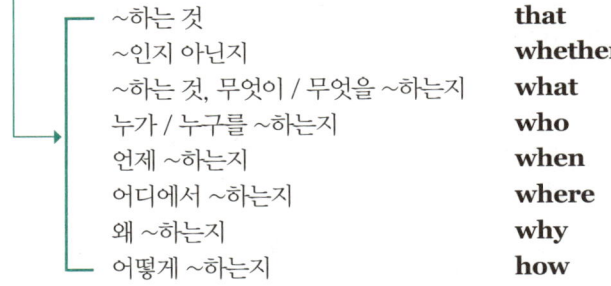

~하는 것	that
~인지 아닌지	whether, if
~하는 것, 무엇이 / 무엇을 ~하는지	what
누가 / 누구를 ~하는지	who
언제 ~하는지	when
어디에서 ~하는지	where
왜 ~하는지	why
어떻게 ~하는지	how

 표현 만들기

어제 일어난 것	**what** happened yesterday
그들의 관계가 불안정하다는 것	**that** their relationship is rocky
당신이 그것을 들어본 적이 있는지 아닌지	**whether** you've ever heard of it before (or not)
캐롤과 이야기하는 사람이 누구인지	**who** Carol is talking to
내가 왜 잠자는 데 문제가 있는지	**why** I have problems sleeping
당신이 어떻게 그녀를 만났는지	**how** you met her
영화가 언제 시작하는지	**when** the movie starts
앤디가 술을 마시지 않는다는 사실	**the fact that** Andy doesn't drink (the fact = that 동격절)

문장 써보기

- 어제 일어난 것은 내게 많은 것을 의미했다.
  What happened yesterday meant a lot to me. [주어 역할]

- 진실은 그들의 관계가 불안정하다는 것이다.
  The truth is **that their relationship is rocky**. [보어 역할]

- 나는 당신이 그것을 들어본 적이 있는지 의심스럽다.
  I doubt **whether you've ever heard of it before**. [목적어 역할]

- 나는 캐롤과 이야기하는 사람이 누구인지 모른다.
  I don't know **who Carol is talking to**. [목적어 역할]

- 의사도 내가 왜 잠자는 데 문제가 있는지를 설명하지 못한다.
  Even the doctor can't explain **why I have problems sleeping**. [목적어 역할]

- 당신이 어떻게 그녀를 만났는지 말해 보아라.
  Tell me **how you met her**. [목적어 역할]

- 그것은 영화가 언제 시작하는지에 달려 있다.
  It depends on **when the movie starts**. [전치사의 목적어 역할]

- 앤디가 술을 마시지 않는다는 사실이 나를 놀라게 한다.
  The fact that Andy doesn't drink surprises me. [동격절]

what(~하는 것, 무엇이 ~하는지)과 who(~하는 사람, 누가 ~하는지)는 자신이 주어가 될 수 있어서 뒤에 바로 동사가 오는 경우도 많다.

[what + 동사 + ~] 너를 행복하게 만드는 것 → **what makes** you happy
[who + 동사 + ~] 너를 행복하게 만드는 사람 → **who makes** you happy

what과 that
둘 다 '~는 것' 으로 해석이 되지만 what은 그 자체가 '것' 이라는 명사 기능을 하기 때문에 what 이하의 문장은 주어나 목적어, 보어 중 하나가 빠져 있는 불완전한 문장이다. 반면에 that은 접속사 역할만을 하기 때문에 that 이하는 완전한 문장이 온다.

The truth is that <u>I never really liked you</u>. → [주어 + 동사 + 목적어]의 완전한 문장
What <u>happened yesterday</u> meant a lot to me. → [동사 + 부사]의 불완전한 문장

02 | "주어가 ~할 때 / ~한다면 / ~하므로", "비록 주어가 ~하지만" 이라는 표현은 [부사절]로 쓴다.

부사절은 문장 내에서 부사와 같은 기능을 한다.
- 부사절 = [부사절 접속사 + 주어 + 동사]

~이므로, ~하기 때문에 (원인)	because, since, as, now that
~할 때, ~하는 동안에 (시간)	when, as, while
비록 ~ 일지라도 (양보)	although, though
~인 반면에 (대조)	while, whereas
만일 ~라면, ~인 경우에 (조건)	if, in case, granting that
~하기 위해서, ~할 수 있도록 (목적)	so that, in order that
매우 ~해서 ~하다 (결과)	so 형용사/부사 that, such 명사 that
~하는 한 (제한)	as long as, as far as

- 부사절의 위치
  1) 주어 + 동사 + 부사절   I like her **because she is smart**.
  2) 부사절 + comma + 주어 + 동사   **Because she is smart**, I like her.

 표현 만들기

당신이 책을 읽을 때	**when** you are reading a book
나는 마음을 정했으니	**now that** I have made up my mind
아기가 잠자는 한	**as long as** the baby sleeps
너무 시끄러워서 귀머거리도 듣겠다	**so** loud **that** even a deaf person could hear you

 문장 써보기

● 당신이 책을 읽을 때 당신은 행복해 보인다.
You look happy **when you are reading a book**.

● 나는 마음을 정했으니, 뒤돌아보지 않겠다.
Now that I have made up my mind, I will not look back.

● 아기가 잠자는 한 우리는 쉴 수 있다.
We can rest **as long as the baby sleeps**.

● 당신의 목소리가 너무 시끄러워서 귀머거리도 듣겠다.
Your voice is **so loud that even a deaf person could hear you**.

부사절이 주절 앞에 올 때는 comma가 사이에 오며, 주절 뒤에 올 때는 comma가 쓰이지 않는 것이 원칙이지만 '~인 반면에' 의 뜻으로 while과 whereas가 쓰일 때는 예외적으로 부사절이 주절 뒤에 올 때도 comma를 쓴다.

그의 아버지는 마른 반면 John은 뚱뚱하다. → John is fat, **whereas** his father is skinny.

Jump-up Skills

1. **whether와 if의 차이**
   ① whether이 이끄는 절은 주어, 목적어, 보어로 쓸 수 있고, to 부정사 앞에서 쓰인다.

   그녀가 올지 안 올지는 중요하지 않다.
   [**Whether** she will come or not] doesn't matter. [주어]

   나는 그가 정직한지 아닌지에 대한 의문을 여전히 갖고 있다.
   I still question [**whether** he is being honest]. [목적어]

   중요한 것은 그녀가 오느냐 안 오느냐는 것이다.
   The important thing is [**whether** she will come or not]. [보어]

   그들은 떠날지 머무를지 결정할 수가 없다.
   They cannot decide **whether to leave** or stay.

   ② if는 목적어가 되는 명사절만을 이끈다.

   나는 그녀가 오는지 안 오는지 궁금하다.
   I wonder **if** she will come or not.

2. **조건을 나타내는 in case와 if의 차이**
   ① if는 '어떤 상황이 발생할 경우에만 ~한다' 의 의미일 때 쓴다.

   그들이 올 경우에만 식사할 자리를 더 마련하자.
   Let's set up another table **if** they come.

   ② in case는 '어떤 상황이 일어날 것을 대비하여' 즉 '실제로 상황이 발생하지 않을지라도 일단은 ~ 한다' 의 의미일 때 쓴다. 그래서 in case 뒤에는 발생 가능한 미래의 상황이 등장한다.

   그들이 올 수도 있으니까 (오든 안 오든) 식사할 자리를 더 마련하자.
   Let's set up another table **in case** they come.

3. **이유를 나타내는 as와 because의 차이**
   ① as는 글을 읽는 사람이 이미 알고 있거나 별로 중요하지 않은 상황에 쓴다.

   비가 다시 오니까, 그냥 집에 있는 게 낫겠다.
   As it's raining again, we'd better stay at home.

   ② because는 새로운 정보를 제시하거나 중요한 이유를 나타낼 때 쓴다.

   나는 아팠기 때문에, 출근하지 않았다.
   Because I was sick, I didn't go to work.

4. **"~해서 (형용사)하다" 는 [형용사 + that 절]로 쓴다.**
   sorry, pleased, glad, sure, afraid, amazed 등 감정이나 태도를 나타내는 형용사는 that절을 취할 수 있다. 이때 that은 종종 생략된다.

   모두들 나를 위로하려고 노력해서 나는 감동 받았다.
   I was touched (**that**) everybody tried to cheer me up.

명사절, 부사절

[Hackers Writing Start　3일　Daily Check-up]

① 그녀는 자신들이 마침내(finally) 헤어졌다는 사실을 받아들이지 못했다.
　* 받아들이다 : accept　　* (남녀가) 헤어지다 : break up

② 그들은 술 마시는 것이 건강에 해롭다는 것을 지적했다.
　* 지적하다 : point out　　* 건강에 해로운 : unhealthy　　* 술 마시다 : drink alcohol

③ 그는 이 근처에(nearby) 우체국이 있는지 없는지 몰랐다.

④ 나는 내가 여행에서 경험한 것을 적었다.
　* 여행에서 : on the trip

⑤ 당신은 저 사람들이 누군지 아는가?

⑥ 내가 당신의 목소리를 들을 때, 나의 가슴은 뛰기 시작한다.
　* (심장이) 두근거리다, 세게 치다 : pound

⑦ 나는 Terry가 어디로 갔는지 알아낼 수 있다.
　* 알아내다, 알아차리다 : find out

⑧ 내가 왜 비오는 날을 좋아하는지 설명하기는 어렵다.
　* 비오는 날 : a rainy day　　* ~하는 것은 어렵다 : It's hard to 부정사

⑨ 그 사고가 어떻게 일어났는지 나에게 말해줘.

⑩ 네가 수업 중이었을 때 그가 잠깐 들렀다.
　　＊ 잠깐 들르다 : stop by　　＊ 수업 중에 있다 : be in class

⑪ 만일 당신이 Chris와 결혼한다면, 당신은 불행할 것이다.
　　＊ ~와 결혼하다 : marry ~

⑫ 우리는 살이 찌고 있으므로, 더 적게 먹어야 한다.
　　＊ 살찌다 : put on weight　　＊ 더 적게 먹다 : eat less

⑬ 비록 그 회사는 도산했지만, 그 회사의 제품(products)은 여전히 사용되고 있다.
　　＊ 도산하다, 폐업하다 : go out of business

⑭ 나는 뉴욕에 살고 있지만, 캘리포니아에서 자랐다.
　　＊ 자라다, 성장하다 : grow up

⑮ Brian이 올 경우를 대비해서, 나는 여분의 음식을 살 것이다.
　　＊ 여분의 음식 : some extra food

정답 p. 262

Hackers Writing Start [**3일 Daily Test**]

❶ 나는 부모들이 가장 좋은 선생님이라는 데 동의한다.

❷ 나는 텔레비전이 가족 간의 대화(communication)를 줄여 왔다고 믿는다.
   * 줄이다, 감소시키다 : reduce   * 가족 간의 : among family members

❸ 나는 내가 부모님의 조언 없이 그렇게 중요한 결정을 내릴 수 있을지 의심스럽다.
   * 그렇게 (형용사)한 (명사) : such a 형용사 명사   * 결정을 내리다 : make a decision

❹ 나는 무엇이 사람들을 더 오래 살도록 도왔는지에 대해 논의해 보겠다.
   * ~에 대해 논의하다 : discuss ~

❺ 내가 우리 마을에 대해 가장 좋아하는 것을 그도 좋아할 것이다.

❻ 우리가 새로운 영화관을 짓기 전에, 그것이 지역 경제에 어떻게 영향을 미칠 것인지 우리는 알 필요가 있다.
   * ~에 영향을 미치다 : affect ~   * 지역 경제 : local economy

❼ 당신은 당신의 룸메이트가 누가 될지를 궁금해 할 지도 모른다.
   * 궁금해하다 : wonder

❽ 어떤 사람이 얼마나 열심히 노력하느냐가 이기는 것이나 지는 것보다 더 중요하다.
   * 이기는 것이나 지는 것 : winning or losing

❾ 많은 사람들이 역사를 공부하는 반면에, 소수(a few)만이 그것의 가치(value)를 인식한다(recognize).

❿ 만일 내가 선택해야 한다면, 나는 차라리 오랜 시간 동안의 보수가 높은 일을 하겠다.
   * 차라리 ~하겠다 : would rather 동사원형   * 보수가 높은 일을 하다 : work at a high-paying job
   * 오랜 시간 동안의 : with long hours

⓫ 비록 컴퓨터가 우리의 삶을 더 쉽게 만들어 왔지만, 몇몇 단점도 또한 있다.
   * 결점, 단점 : drawback   * 또한 ~이다 : as well

⓬ 나는 스트레스를 받으면, 혼자 있기 위해 어떤 곳으로 간다.
   * 스트레스를 받다 : be stressed   * 어떤 곳으로 가다 : go somewhere

⓭ 도시에 사는 것이 종종 스트레스가 많을 수 있는 반면, 또한 많은 혜택(benefits)도 있다.
   * 스트레스가 많은 : stressful

⓮ 어떤 사람이 부유하다는 사실이 그를 성공적으로 만들지는 않는다.
   * 성공적인 : successful

⓯ 네가 어떻게 배우는 지는 네가 어떤 종류의 사람인지에 달려 있다.
   * ~에 달려 있다 : depend on ~

정답 p. 263

3일 Daily Test

[4일 ——— 관계절]

overview

'내가 좋아하는 사진'이라는 표현을 써 보자. '사진'이라는 명사를 '내가 좋아하는'이라는 말로 수식해야 한다. 그래서, 'the picture **which I like**' 가 된다.

이처럼 어떤 명사에 대해 덧붙이고 싶은 말이 문장처럼 긴 표현이 될 때 문장 내에서 자연스럽게 명사를 수식할 수 있는 방법이 관계절의 사용이다. 즉 관계절이란 형용사 기능을 하는 절이다.

01 "(주어가) ~하는 명사"라는 표현은 [명사 + 관계대명사 + (주어) + 동사]로 쓴다.

- 관계절 = [관계대명사 + (주어) + 동사]
  - who, which
  - that
  - whose

- 관계대명사는 관계절 내에서는 주어, 목적어 등의 역할을 하면서 관계절을 이끌어 앞에 오는 명사를 수식해 준다. 따라서 관계대명사 뒤에는 주어나 목적어 등이 빠진 문장이 온다.

  I met a girl. She works at a department store.
  → I met a girl **who works at a department store**.
  who가 원래 주어 'she'를 대신하고 있으므로, who이하는 주어가 빠진 불완전한 문장이 된다.

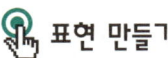 표현 만들기

결정을 내리는 사람	the man **who** makes the decisions
그가 추천해준 영화	the movie **that** he recommended
차가 고장 난 여자	a woman **whose** car had broken down
내가 얘기할 수 있는 친구	a friend to **whom** I can talk

문장 써보기

- 그는 결정을 내리는 사람이 아니다.
  He is not **the man who makes the decisions**. [주격 관계대명사]

- 나는 그가 추천해준 영화를 보았다.
  I watched **the movie that he recommended**. [목적격 관계대명사]

- 나는 차가 고장난 여자를 도와 주었다.
  I helped **a woman whose car had broken down**. [소유격 관계대명사]

- 나는 내가 얘기할 수 있는 친구를 찾았다.
  I found **a friend to whom I can talk**. [전치사의 목적어]
  (=I found a friend who I can talk to.)

> 목적격 관계대명사는 생략할 수 있다.
>
> The movie **which** you watched is nothing but trash.
> = The movie you watched is nothing but trash.

02 "(주어가) ~하는 장소/시간/이유/방법"이라는 표현은
[장소/시간/이유/방법의 명사 + 관계부사 + 주어 + 동사]로 쓴다.

- 관계절 = [<u>관계부사</u> + 주어 + 동사]

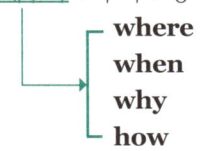

- 관계부사는 관계절을 이끌어 앞에 오는 명사를 수식해 주고, 관계절 내에서 부사역할을 한다. 따라서 관계부사 뒤에 오는 문장은 주어, 목적어 등을 갖는 완전한 문장이 된다.

I'm looking for a restaurant . I can have tacos in the restaurant .
→ I'm looking for a restaurant **where** I can have tacos .
  where는 부사구(in the restaurant)를 대신하므로 where이하는 완전한 문장이다.

 표현 만들기

우리가 E.T.를 본 영화관	the movie theater **where** we saw E.T.
우리가 Joe를 처음 만난 그날	the day **when** we first met Joe
내가 채식주의자인 세 가지 이유	three reasons **why** I am a vegetarian
그녀가 가르치는 방법	**the way** she teaches

문장 써보기

- 우리가 E.T.를 본 영화관은 무너져 내렸다.
  The movie theater where we saw E.T. has been torn down.　[장소의 명사 + where]

- 그 사고는 우리가 Joe를 처음 만난 그날 일어났다.
  The accident happened **the day when we first met Joe**.　[시간의 명사 + when]

- 내가 채식주의자인 세 가지 이유가 있다.
  There are **three reasons why I am a vegetarian**.　[이유의 명사 + why]

- 그녀가 가르치는 방법은 그다지 효과적인 것 같지 않다.
  The way she teaches doesn't seem very effective.　[방법의 명사]

> Tip
> '~하는 방법'이라는 말을 관계부사로 나타내면 the way와 함께 how가 쓰여야겠지만, 현대 영어에서는 the way how를 쓰지 않고, the way만 쓰거나 대신 [how + 주어 + 동사]의 명사절로 쓴다.
>
> **How she teaches** doesn't seem very effective.

Jump-up Skills

1. 관계절의 [계속적 용법]

계속적 용법이란 관계절이 명사를 수식하는 방법이 아니고 명사나 문장 전체를 부가적으로 설명하는 용법, 즉 어떤 설명을 덧붙이는 느낌으로 관계절을 사용하는 것을 말한다. [주어 + 동사, 관계절] 혹은 [주어, 관계절, 동사] 로 표현할 수 있고, 관계사로는 which, who, whose, where 등을 쓸 수 있다. 단, 문장 전체에 대한 부가적 설명은 **which**만 쓸 수 있다.

그녀는 머리 스타일을 바꿨다, 그런데 이것은 그녀에게 무슨 일이 일어났음을 의미할지도 모른다.
She changed her hairstyle, **which** may mean that something has happened to her.

로라-그녀는 옆집에 살았었는데-가 얼마 전에 결혼했다.
Laura, **who** used to live next door, just got married.

2. 다음의 경우에는 that만을 관계대명사로 사용해야 한다.

① [the only/the very/the same/the + 서수/the + 최상급 + 명사]를 수식할 때

그는 내가 얘기하고 싶은 유일한 사람이다.
He is **the only** one **that** I feel like talking to.

② 부정명사[all/any/some/every/many/no + 명사]를 수식할 때

영어를 잘 하는 모든 학생 → **every** student **that** speaks English well
음악을 즐기는 몇몇의 사람들 → **some** people **that** enjoy the music

③ anything/something/nothing/everything을 수식할 때

네가 원하는 것 뭐든지 말해 봐.
Tell me **anything that** you want.

3. 다음의 경우에는 관계대명사 that을 절대 사용할 수 없다.

① comma 뒤의 계속적 용법

그 프로젝트는 마침내 끝났다, 그것은 정말 성가신 일이었다.
The project is finally completed, **that** was a pain in the neck.(×) (→**which**)

② 전치사 + **that**

여기가 그녀가 일하는 식당이다.
This is the restaurant **at that** she works.(×) (→**at which**)
(혹은 This is the restaurant that she works at.)

Hackers Writing Start

4일 Daily Check-up

① 네가 어제 만났던 사람은 나의 고등학교 친구이다.

② 그는 내가 데이트하고 싶은 이상적인(ideal) 남자이다.
　　* ~와 데이트하다 : date ~

③ 그녀는 나의 프로젝트를 돕고 있는 직장 동료이다.
　　* A가 B하는 것을 돕다 : help A with B

④ 작년에 나의 수업 중 하나를 가르쳤던 선생님이 돌아가셨다.
　　* 죽다, 사라지다, 떠나다 : pass away

⑤ 그가 샀던 그림은 그의 거실에 걸려있다(hang).

⑥ 나는 아버지가 나에게 사준 카메라를 그에게 빌려주었다.
　　* A에게 B를 빌려주다 : lend A B

⑦ 고장난 기계는 내일 수리될 것이다.
　　* 고장나게 하다, 부수다 : break　　* 수리하다 : fix

⑧ 그는 나에게 베스트 셀러 목록에 있던 책 한 권을 추천했다.
　　* A에게 B를 추천하다 : recommend A B

www.goHackers.com

⑨ 내 성적(grades)이 떨어졌고(fall/drop/go down), 그것은 나의 부모님을 걱정시켰다.
　＊ ~를 걱정시키다 : worry ~

⑩ 내가 좋아하는 어린 시절의 기억은 내가 아버지와 함께 야구를 했던 시간들이다.
　＊ 내가 좋아하는 어린 시절의 기억 : my favorite childhood memories

⑪ 나는 아버지가 이 대학의 교수인 소녀를 알고 있다.

⑫ 나는 그녀가 생각하는 방식을 이해하지 못한다.

⑬ 네가 가지 못할 이유가 없다.

⑭ 우리가 쇼핑한 백화점은 사람들로 가득 차 있었다.
　＊ ~로 가득차다 : be packed with ~　　＊ 쇼핑하다 : shop

⑮ 미리 준비한 학생들은 보통(usually) 시험을 잘 본다.
　＊ 미리 : in advance　　＊ 시험을 잘보다 : do well on tests

정답 p. 263

❶ 직장에서(at work) 기꺼이 도와주려고 하는 동료(co-worker)는 고맙게 생각된다.
　＊기꺼이 ~하다 : be willing to 부정사　＊고맙게 생각되다 : be appreciated

❷ 인스턴트 음식은, 많은 방부제(preservatives)를 함유하고 있어서, 몸에 해롭다(unhealthy).
　＊함유하다, 포함하다 : contain

❸ 나는 내가 빨리(quickly) 승진할 수 있는 직장에서 일하고 싶다.
　＊승진하다 : advance (=be promoted)

❹ 때때로 기억(memories)은, 이는 평생동안 지속될 수 있는데, 보석(jewelry)보다 더 가치있다.
　＊평생 동안 지속되다 : last for a lifetime　＊가치있는 : valuable

❺ 어린 나이에 교육을 시작하는 아이들은 친구들을 사귀는 데 어려움을 겪는다.
　＊어린 나이에 : at an early age　＊~하는데 어려움을 겪다 : have difficulty 동명사　＊친구를 사귀다 : make friends

❻ 이것들이 왜 당신의 돈을 미래를 위해 저축하는 것이 더 좋은지에 대한 몇 가지 이유이다.

❼ 나는 내가 많은 것을 같이 공유하는 친구를 갖는 것을 좋아한다.
　＊A를 B와 함께 공유하다 : have A in common with B

❽ 우리는 사람들이 자신들이 버는 돈의 액수에 의해 성공을 결정하는 사회에 산다.
　＊결정하다 : determine　＊그들이 버는 돈의 액수 : the amount of money they make

❾ 사람들은 종종 자신들을 이해하는 사람이 아무도 없다고 느낀다.
　＊ ~라고 느끼다 : feel that 주어 동사

❿ 손으로(by hand) 만들어진 물건(items)이 종종 최상의 질을 가진다.
　＊ 최상의 질 : the highest quality

⓫ 아이들을 심하게 들볶는 부모들은 아이들이 반항하게 만들지도 모른다.
　＊ 들볶다 : push　＊ A가 ~하게 만들다, 초래하다 : cause A to 부정사　＊ 반항하다 : rebel

⓬ 좋은 직원(good employees)은 찾기 힘들고 이것이 내가 더 높은 급여에 경험 있는 사람을 고용하려는 이유이다.　＊ 고용하다 : hire　＊ 높은 급여에 : at a high salary

⓭ 당신이 어릴 때 언어를 배우는 것이 더 쉽다.

⓮ 가장 좋은 종류의 친구는 너를 웃게 만들 수 있는 어떤 사람이다.
　＊ ~하는 어떤 사람 : someone who ~

⓯ 나는 절대로 자신의 아이들을 심하게 들볶는 타입의 부모가 되고 싶지 않을 것이다.

정답　p. 263

[5일 ——— It, There]

overview

'그의 이야기를 믿는 것은 어렵다' 는 영어로 '**It** is hard **to believe his story**.' 로 표현할 수 있다. 주어는 '그의 이야기를 믿는 것' 이라는 to 부정사구이지만 문장 머리에 있기에는 길어서 가짜 주어인 '**it**' 을 빌려서 쓰게 된다.

'고양이가 있다.' 는 단어 그대로 옮겨 쓰게 되면 'A cat is.' 가 되지만, 바른 문장은 '**There** is a cat.' 이다. '~가 있다' 라고 표현할 때는 '**there**' 을 주어 자리에 써 준다.

01 | "〈 〉한 것은 ~하다"라는 표현은 [It + 동사 + 〈 〉]로 쓴다.

말하고자 하는 주어 〈 〉가 to 부정사구나 명사절이 될 때, 즉 주어가 길어질 때 형식상의 주어 it을 쓰고 진짜 주어인 〈 〉부분은 문장 뒤로 보내게 되면 더 매끄러운 문장 쓰기가 된다.

👆 표현 만들기

T. S. Eliot을 읽는 것   to read T. S. Eliot
당신이 T. S. Eliot을 이해하는 것   for you to understand T. S. Eliot
당신이 누구인지   who you are

👆 문장 써보기

● T.S. Eliot을 읽는 것은 쉽다.
  To read T.S. Eliot is easy.
  to 부정사구가 주어일 때 'it'을 대신 주어로 써 주자.
  → **It** is easy **to read T.S. Eliot**.

- 당신이 T.S. Eliot을 이해하는 것은 어렵다.
  For you to understand T.S. Eliot is difficult.
  → **It** is difficult **for you to understand T. S. Eliot**.

- 당신이 누구인지는 중요하지 않다.
  Who you are doesn't matter.
  주어 자리에 명사절이 쓰여 주어가 길어진다면 'it'을 대신 써 주자.
  → **It** doesn't matter **who you are**.

02 | "주어는 (to 부정사) 하는 것을 ~하게 해준다"라는 표현은 [주어+ 동사 + it + ~ + to 부정사]로 쓴다.

목적어와 목적격 보어가 있는 문장에서, 목적어가 to 부정사일 때 반드시 목적어 자리에 it을 대신 쓰고, 진짜 목적어인 to 부정사는 뒤로 보낸다. 이 때 주로 쓰이는 동사는 make이며, 그 외에 find, think 등을 쓸 수 있다.

 표현 만들기

많은 정보를 얻는 것	to access a lot of information
손전등 없이 걷는 것	to walk without a flashlight

 문장 써보기

- 인터넷은 **많은 정보를 얻는 것**을 손쉽게 해준다.
  The Internet makes **to access a lot of information** easy. (×)
  목적어 자리에 to 부정사구가 쓰여 목적어와 목적격 보어와의 경계를 애매하게 하는 이상한 문장이 된다.
  →The Internet makes **it** easy **to access a lot of information** (○)

- 어둠은 손전등 없이 걷는 것을 불가능하게 했다.
  The darkness made **to walk without a flashlight** impossible. (×)
  →The darkness made **it** impossible **to walk without a flashlight**. (○)

03 | "〈 〉하는 것은 바로 ~이다"라는 표현은 [It is ~ that 〈 〉]로 쓴다.

문장 내에서 특정 단어를 강조하고 싶을 때 [It is ~ that + (주어) + 동사]를 쓴다.
강조 어구가 사람이면 that 대신 who를 쓸 수 있다.

 표현 및 문장 만들기

나는 세계 평화를 진정으로 원한다.　　　　　I really want world peace.
내가 진정으로 원하는 것은 바로 세계 평화이다.　**It is world peace that** I really want.

너는 내 인생을 바꿔 놓았다.　　　　　　　　You changed my life.
내 인생을 바꾼 것은 바로 당신이다.　　　　　**It was you who** changed my life.

04 | "~가 있다"라는 표현은 [There + be + 명사(구)]로 쓴다.

이 때 there은 형식상의 주어이고, be 동사 다음에 나오는 단어가 실제 주어이다.

 표현 및 문장 만들기

그 게임에는 세가지 규칙이 있다.　　　**There are three rules** to the game.
그 마을에 교회가 있었다.　　　　　　**There was a church** in the town.

---

tip1

동사의 수 일치에 주의해야 한다. be 동사 뒤의 명사, 즉 의미상 주어와 수를 일치 시킨다.

박쥐 한 마리가 있다 → There **is a bat**.
박쥐 몇 마리가 있다 → There **are some bats**.

---

tip2

[There + be 동사] 다음에는 반드시 부정명사 [a/some/many/no/one/two/three… + 명사]가 와야 한다.

바구니 안에 공이 있었다.
There was **the ball** in the basket. (X)
There was **a ball** in the basket. (O)

Jump-up Skills

1. it은 주어나 목적어를 대신하는 것 외에 시간, 거리, 날씨 등 막연한 상황에 대한 별뜻 없는 주어로도 쓰인다.

   10시다. **It**'s 10 o'clock.
   서울에서 부산까지는 멀다. **It**'s far from Seoul to Busan.
   비가 온다. **It**'s raining.

2. "~하는 데 시간이 걸린다"는 [**It takes + 시간 + to 부정사**]를 쓴다.
   '(사람)이 ~하는 데 시간이 걸린다' 는 [It takes + 사람 + 시간 + to 부정사] = [It takes + 시간 + for 사람 + to 부정사]로 표현한다.

   집에 가는 데 5분이 걸린다.
   It takes 5 **minutes to get** home.

   내가 집에 가는 데 5분이 걸린다.
   It takes **me** 5 minutes to get home.
   It takes 5 minutes **for me** to get home.

3. "~하는 데 돈(혹은 가치)이 든다." 는 [**It costs + 돈 + to 부정사**]를 쓴다.
   '(사람)이 ~하는 데 돈이 든다' 는 [It costs + 사람 + 돈 + to 부정사] = [It costs + 돈 + for 사람 + to 부정사] 로 표현한다.

   그 집을 짓는 데 1억원이 든다.
   It costs one hundred million won to build the house.

   우리가 그 집을 짓는 데 1억원이 들었다.
   It cost **us** one hundred million won to build the house.
   It cost one hundred million won **for us** to build the house.

4. "~가 없다" 라고 할 때는 [**There is no + 명사**]를 쓴다.

   당신이 걱정해야 할 **이유는 없다**.
   There is no reason for you to worry.

Hackers Writing Start

5일 Daily Check-up

① 수퍼맨을 이기는 것은 불가능하다.
　＊ ~를 이기다, 무찌르다 : defeat ~

② 내가 안녕이라고 말하기가 힘들다.

③ 내가 너를 사랑한다는 것은 사실이다.

④ 그가 파리에 있었던 것으로 드러났다.
　＊ 드러나다, 밝혀지다 : turn out

⑤ 그녀의 키(height)는 그녀가 유명한 모델이 되는 것을 불가능하게 만들었다.

⑥ Sally가 그 식료품 가게에서 그녀의 대학 룸메이트를 우연히 만난 것은 운명이었다.

⑦ 내가 너를 처음 만난 곳은 바로 서점이었다.

⑧ 내가 잃어버렸던 것은 바로 그 책이었다.

⑨ 너를 우울하게 하는 것은 바로 날씨이다.
 * 우울한 : gloomy

⑩ 이 책을 끝내는데 10년이 걸렸다.

⑪ 내가 그 블라우스를 사는데 일주일 분의 급여가 들었다.
 * 일주일 분의 급여 : a week's salary

⑫ 그 집에는 두 남자와 한 여자가 있다.

⑬ 냉장고(fridge)에는 음식이 없다.

⑭ 유머 감각이 없는 몇몇 사람들이 있다.
 * 유머 감각 : sense of humor

⑮ 그 토지(land)가 개발된 후에는 남아 있는 숲이 없을 것이다.
 * 개발되다 : be developed

정답 p. 263

Hackers Writing Start [**5일 Daily Test**]

❶ 서울의 자동차 수를 줄이는 것은 필수적이다.
  * 줄이다 : reduce   * ~의 수 : the number of 명사의 복수형   * 필요한, 필수적인 : necessary

❷ 광고가 사람들에게 필요 없는 물건을 사도록 조장한다는 것은 사실이다.
  * A가 ~하도록 격려하다, 조장하다 : encourage A to 부정사   * 필요 없는 물건 : unnecessary things

❸ 십대들이 이른 나이부터 직업 경험을 갖는 것은 중요하다.
  * 직업 경험 : work experience

❹ 실패와 성공의 차이를 만드는 것은 바로 한 사람의 헌신적인 노력이다.
  * 헌신적인 노력, 헌신 : dedication   * ~와 -의 차이를 만들다 : make the difference between ~ and -

❺ 길과 도로를 개선하는 데 많은 액수의 세금이 든다.
  * 길과 도로 : roads and highways   * 많은 액수의 ~, 다량의 ~ : a large amount of ~   * 세금, 세액 : tax (money)

❻ 사람들이 매일의 삶에서 얻으려고 애쓰는 것은 바로 성공이다.
  * ~를 얻으려고 애쓰다, ~를 위해 노력하다 : strive for ~   * 매일의 삶에서 : in one's daily life

❼ 고속 인터넷 이용을 제공하는 기숙사들(dormitories)이 있다.
  * 제공하다 : offer   * 고속의 인터넷 이용 : high speed Internet access

❽ 텔레비전을 보는 것에는 이점(benefits)이 거의 없다.
  * ~하는 것에는 : to + 동명사   * 거의 없는 ~ : few + 명사의 복수형

❾ 미래에는 이메일 때문에 우체국이 거의 소용이 없을 것이다.
　＊ ~가 거의 소용이 없다 : There is little use for ~　　＊ ~때문에 : due to ~ (=owing to, because of ~)

❿ 미래에는 많은 온라인 대학이 있을 것이다.
　＊ 온라인 대학 : online university

⓫ 사람들은 그들이 가진 것에 결코(ever) 만족할 것 같지 않다.
　＊ ~ 같지 않다 : It is unlikely that ~

⓬ 한 사람의 인생을 모양 짓는 어떤 경험들이 있다.
　＊ 모양 짓다, 형성하다 : shape

⓭ 이메일은 사람들이 연락하는 것을 쉽게 만들었다.
　＊ 연락하다 : keep in touch

⓮ 나는(내가) 좋은 책을 내려 놓는 것이 힘들다.
　＊ 내려 놓다 : put down

⓯ 십대들이 그들 스스로 결정을 내리기 시작해야 할 때가 있다.
　＊ 스스로 결정을 내리다 : make one's own decision

정답 p. 264

[6일 — 비교와 병치]

overview

'내가 너보다 더 작다.' 를 표현할 때, 형용사 '작다' 는 'small' 로 쓰지만, 비교 대상이 있을 때 '~보다 더 작다' 라고 할 때는 'smaller than ~' 을 써야 한다. 그래서 이 문장은 'I am **smaller than** you.' 가 된다. 둘 이상의 대상을 형용사나 부사를 사용해서 비교할 때 '~보다 더 -하다' 혹은 '~만큼 -하다' 등의 비교 구문을 쓰게 된다.

'baseball or sports' 보다는 'baseball or football' 이 자연스럽고 논리적인 배치이다. 영어를 쓸 때 이러한 동등한 대상의 나열, 즉 병치 구문에 주의해야 한다.

비교

01 | "~만큼 -한/-하게"라는 표현은 [as 형용사/부사 as ~]로 쓴다.

이를 '원급 비교' 라고 하며, as와 as 사이에는 형용사나 부사를 원래 형태로 쓴다.
[as + 형용사 + 명사 + as]의 형태로도 쓸 수 있다.

표현 만들기

피만큼 진한	**as** thick **as** blood
치타만큼 빠르게	**as** fast **as** a cheetah
그가 가진 것만큼 많은 책	**as** many books **as** he has

문장 써보기

● 이 와인은 피만큼 진하다.
  This wine is **as thick as blood**.

● 그 소년은 치타만큼 빠르게 달렸다.
  The boy ran **as fast as a cheetah**.

● 나는 그가 가진 것만큼 많은 책을 가지고 있다.
  I have **as many books as he does**.

02 | "~보다 더 -한/-하게"라는 표현은 [형용사/부사 의 비교급 than ~]으로 쓴다.

비교급을 사용한 비교 구문으로, 비교급은 형용사나 부사에 '-er이나 more(3음절 이상의 형용사나 부사의 경우)'를 붙여 쓴다.

표현 만들기

물보다 더 진한	thick**er than** water
치타보다 더 빨리	fast**er than** a cheetah
파리보다 더 아름다운	**more** beautiful **than** Paris

문장 써보기

● 피는 물보다 더 진하다.
  Blood is **thicker than water**.

● 그 소년은 치타보다 더 빨리 달렸다.
  The boy ran **faster than a cheetah**.

● 로마는 파리보다 훨씬 더 아름답다.
  Rome is **much more beautiful than Paris**.

> **Tip**
> '훨씬 더' 라는 의미로 비교급을 강조할 때는 비교급 앞에 much, far, even, still 등을 쓴다. (very는 쓸 수 없음에 주의)
> 훨씬 더 진한 → much thicker   훨씬 더 빨리 → even faster

03 | "가장 -한"이라는 표현은 [the + 형용사의 최상급]으로 쓴다.
"가장 -하게"라는 표현은 [부사의 최상급]으로 쓴다.

최상급을 사용한 비교 구문으로, 최상급은 형용사나 부사에 '-est나 most(3음절 이상의 형용사나 부사의 경우)'를 붙여 쓴다.

표현 만들기

가장 진한	**the** thick**est**
가장 빠르게	fast**est**
가장 아름다운	**the most** beautiful

비교와 병치

문장 써보기

● 이 와인은 내가 마셔 본 것 중에 **가장 진하다**.
This wine is **the thickest** I have ever drunk.

● 치타는 모든 동물들 중에서 **가장 빠르게** 달린다.
The cheetah runs **fastest** of all animals.

● 로마는 내가 이제껏 본 **가장 아름다운** 도시이다.
Rome is **the most beautiful** city that I have ever seen.

병치

01
"A 와 B", "A 또는 B"는 [A and B], [A or B]로 표현하며, A와 B의 품사와 형태, 그리고 의미 관계는 동등해야 한다.

두 가지 이상의 대상 나열도 마찬가지로 [A , B, and C], [A, B, or C] 등으로 표현한다.

■ 병치의 규칙
nice and easily (X) ⇨	nice and easy (O)	품사의 통일
coming and to go (X) ⇨	coming and going (O)	형태의 통일
peach or fruit (X) ⇨	peach or apple (O)	동등한 의미 관계 / 논리적인 의미 범주

■ 그 외의 병치 구문들 (A와 B에 주의)
A와 B 둘 다	[both A and B]
A나 B 둘 중 하나	[either A or B]
A도 아니고 B도 아닌	[neither A nor B]
A가 아니라 B	[not A but B]
A 뿐만 아니라 B도	[not only A but (also) B] [B as well as A]
A는 B만큼 ~하다	[A 동사 as ~ as B]
A는 B보다 더 ~하다	[A 동사 비교급 than B]

표현 만들기

갈 지 남아 있을 지	to go **or** to stay
먹는 것과 자는 것	eating **and** sleeping
강과 바다 모두	**both** rivers **and** seas
죽거나 다치거나 둘 중 하나	**either** dead **or** injured
스키 타는 것 뿐만 아니라 스노우보드 타는 것	**not only** skiing **but** snowboarding
	snowboarding **as well as** skiing

📝 문장 써보기

● 나는 아직 갈지 남아 있을 지 결정하지 못했다.
I haven't decided **to go or to stay**.

● 나는 먹는 것과 자는 것에 문제가 있다.
I have problems **eating and sleeping**.

● 강과 바다 모두 중요한 수자원이다.
Both rivers and seas are important water resources.

● 전쟁 후 모든 사람들이 죽거나 다치거나 둘 중 하나였다.
Everyone was **either dead or injured** after the war.

● 나는 스키타는 것 뿐만 아니라 스노우보드 타는 것도 좋아한다.
I like **snowboarding as well as skiing**.

Jump-up Skills

1. 비교되는 대상은 일치시킨다.

   내 피부는 네 것만큼 어둡다.
   My skin is as dark as you. (X)

   비교되는 대상은 '내 피부'와 '너의 피부'이므로 you가 아니라 your skin이 되며, 앞에 나온 명사와 중복을 피하기 위해 yours로 고쳐 쓴다.
   → My skin is **as dark as yours**. (O)

   중국의 인구는 러시아보다 많다.
   China's population is bigger than Russia. (X)

   이 문장 역시 비교되는 대상이 일치하지 않는다. Russia가 아니라 Russia's population이 되어야 하고, population이라는 명사가 앞에 있으므로 Russia's로만 쓴다.
   → China's population is **bigger than Russia's**. (O)

2. 'as ~ as'나 '비교급 than' 뒤에 [주어 + 동사]의 형태를 쓰게 될 때, 이 동사가 앞에 나온 문장 전체 동사의 의미와 중복될 경우에는 'do'를 대신 쓴다.
   동사가 타동사일 때 as나 than 뒤의 명사가 목적어와 혼동될 수 있기 때문에 동사까지 써 주어야 한다.

   나는 네가 하는 것만큼 자주 그들을 방문한다.
   I visit them **as often as you do**.
   do는 여기서 visit them을 대신한다.
   [비교] I visit them as often as you.
   '내가 너를 방문하는 것만큼 자주 그들을 방문한다'의 의미가 된다.

   그녀는 Jimmy가 하는 것 보다 훨씬 많이 아기를 걱정한다.
   She cares about the baby even **more than Jimmy does**.
   does는 cares about the baby를 대신한다.
   [비교] She cares about the baby even more than Jimmy.
   '그녀는 Jimmy를 걱정하는 것 보다 더 아기를 걱정한다'의 의미가 된다.

3. "-만큼 ~하지는 않다"는 의미는 [not as ~ as -]로 표현한다.

   나는 너만큼 많이 먹지 않았다.
   I did **not** eat **as** much **as** you.

4. "~의 몇 배(배수사)나 (형용사/부사)한"는 [배수사 + as (형용사/부사) as ~], [배수사 + 비교급 than ~]으로 표현한다.

   코끼리의 두 배만큼 큰
   twice as big as an elephant
   twice bigger than an elephant

5. "가능한 한 ~한/~하게"는 [as 형용사/부사 as possible] 또는 [as 형용사/부사 as 주어 can]으로 표현한다.

   나는 **가능한 한 빨리** 떠나고 싶었다.
   I wanted to leave **as soon as possible**.

6. "~할수록 더 -하다"는 [the 비교급 (~) , the 비교급 (-)]으로 표현한다.

   많이 배울수록 더 **많이** 배우고 싶다.
   The more I learn, **the more** I want to learn.

Hackers Writing Start

6일 Daily Check-up

① 나는 어제 내가 그랬던 것만큼 바쁘다.

② 그녀는 가능한 많은 시간을 그녀의 아이와 함께 보냈다.

③ 그는 그의 형만큼 멋있지 않다.

④ 그 시험은 내가 예상했던 것 보다 더 쉬웠다.

⑤ Ron은 팀에서 제일 빠른 달리기 선수(runner)이다.
　＊ 팀에서 : on the team

⑥ 무단횡단을 방지하는 가장 효과적인(effective) 방법은 벌금(fines)을 높이는 것이다.
　＊ ~를 방지하다 : prevent 동명사　　＊ 무단횡단 하다 : jaywalk

⑦ 일본의 인구는 북한의 네 배만큼 크다.

⑧ 사람들은 더 많이 가질수록, 더 많이 원한다.

⑨ 당신은 술 마시는 것과 담배 피는 것을 끊어야만 한다.

⑩ 외국어를 수강하는 것은 의무적(mandatory)이지는 않지만 추천된다.
　＊ 추천하다, 권고하다 : recommend

⑪ 나는 가장 최근에 은행에서 일했다.
　＊ 최근에 : recently

⑫ 배움은 재미있으면서 동시에 보람될 수 있다.
　＊ ~하면서 동시에 -하다 : both ~ and -

⑬ 그녀는 똑똑할 뿐만 아니라 매우 친절하다.

⑭ 당신의 추측은 나의 것만큼 좋다.

⑮ 확실하게 일하는 것이 빨리 끝내는 것보다 더 중요하다.
　＊ 확실하게 일하다 : do a thorough job

정답 p. 264

❶ 혼자서 시간을 보내는 것은 친구들과 함께 시간을 보내는 것만큼 유쾌하지 않다.
  * A를 B와 함께 쓰다, 공유하다 : share A with B

❷ 대학시절은 내 인생에서 가장 보람된 시간이었다.
  * 보람된, 가치있는 : rewarding

❸ 학생들에게 여러번의 짧은 방학을 주는 것이 학습을 아마 가장 장려할 것 같다.
  * 여러번의 짧은 방학 : several short vacations   * 아마 ~할 것 같다 : likely + 동사

❹ 일찍 일어남으로써, 나는 운동하거나 아침을 먹을 여분의(extra) 시간을 가진다.
  * ~함으로써 : by + 동명사

❺ 높은 급여는 내가 집을 사거나 미래를 위해 저축하도록 할 것이다.
  * 높은 급여 : a large/high salary   * A가 ~하게 하다 : allow A to 부정사

❻ 경영 연구를 위한 시설(center)은 지역 경제와 주변 지역 경제에 모두 도움을 줄 것이다.
  * 경영 연구 : business research   * 주변 지역 경제 : neighboring economies

❼ 체육은 선택이 아닌 필수이어야 한다.
  * 체육 : physical education   * 선택의 : optional   * 필수의 : required

❽ 훌륭한 의사 소통 능력은 사업에서뿐만 아니라 개인적인 일에서도 중요하다.
  * 훌륭한, 능한 : strong   * 개인적인 일 : personal matters

❾ 나는 작은 회사에서 일하는 것이 큰 회사에서 일하는 것만큼 보람 있다는 것을 알게 되었다.
  * ~임을 알게 되다 : find that 주어 + 동사   * 큰 회사 : a large corporation

❿ 십대들은 돈을 버는 것보다 공부하는 데 초점을 더 많이 두어야 한다.
  * ~하는데 초점을 두다 : focus on 동명사   * 돈을 벌다 : earn money

⓫ 나는 가능한 한 빨리 일을 끝마치는 것을 더 좋아한다.
  * ~을 끝마치다 : get ~ done

⓬ 문학 수업은 과학 수업만큼 유용하지 않다.
  * 유용한 : useful

⓭ 어떤 사람들에게는, 애완동물(pets)이 식구들만큼이나 가깝다.
  * 식구들: family members

⓮ 보통, 젊은 사람들은 나이든 사람들보다 더 개방적이다.
  * 개방적인 : open-minded

⓯ 큰 회사들은 작은 회사들보다 더 안정적(stable)이다.
  * 회사 : company, firm, corporation
    (company : 가장 일반적 회사, firm : law firm등 특정 분야의 회사, corporation : 큰 규모의 회사)

정답 p. 264

6일 Daily Test 69

Hackers Writing Start

1 사람들은 새로운 것들을 시도해 보는 것을 배워야 한다.
   * ~을 시도하다 : try ~

2 다른 누군가를 위해 일하는 것은 내 맘에 들지 않는다.
   * 다른 누군가 : someone else   * ~의 맘에 들다 : appeal to ~

3 내가 같이 좋은 대화를 나눌 수 있는 친구는 내게 중요하다.
   * ~와 대화를 나누다 : have conversations with ~

4 학생들은 그들이 공부하는 과목에 흥미를 가질 때 더 많이 배운다.
   * ~에 흥미를 갖다 : be interested in ~

5 게임은 네가 이길 때 더 재미있다.
   * 재미있는, 즐거운 : enjoyable

6 나는 범죄나 오염이 거의 없는 지역에서 살고 싶다.
   * ~가 거의 없다 : There is little/few ~

7 납세자들(taxpayers)의 돈을 쓸 더 좋은 방법들이 있다.

8 아파트는 주택(house)만큼 공간이 충분하지 않다.
   * 공간이 충분한 : spacious

1st week | Review Test

❾ 학생들은 교복(uniforms)을 입도록 강요되어서는 안 된다.
  * A가 ~ 하도록 강요하다 : force A to 부정사

❿ 내가 사람들과 편해지는 데는 시간이 걸린다.
  * ~와 편하게 되다 : become comfortable with ~

⓫ 영화는 오락(entertainment)의 가장 인기있는(popular) 형태이다.

⓬ 내가 자라면서, 아버지는 내가 닮고 싶은 사람이었다.
  * 성장하다, 자라다 : grow up   * 닮고 싶은 사람, 역할 모델 : role model

⓭ 외식을 하는 것은 저렴할 뿐만 아니라 매우 편리하다.
  * 외식 : eating out

⓮ 네 돈을 다 써버리는 것은 어리석은(foolish) 것 같다.
  * ~인 것 같다 : seem ~

⓯ 읽기와 쓰기는 모든 사람이 배워야 하는 기본적인(fundamental) 기술이다.

정답 p. 264

실수 클리닉 1

Hackers Writing Start

관사를 쓸 때

1 Naked Noun(헐벗은 명사)을 만들지 말 것!

쉽게 말해서, 가산 명사는 앞에 관사나 뒤에 복수형 s로 옷을 입혀 주어야 합니다.
Riding bus is a pain in the neck, especially during rush hour.
bus는 분명히 셀 수 있는 명사이므로 관사를 써 주던지, 복수형으로 바꿔줍니다.
the + 교통 수단 이므로 the bus로 고칩니다.

정답 | bus ⇨ the bus

2 the + 집단을 의미하는 복수 명사

집단을 나타내는 복수 명사는 정관사 없이 복수형만 쓰면 틀리므로 주의합니다.
What do you think is the most important animal to Korean people?
한국에서 사람들이 가장 좋아하는 동물을 이야기하고 있으니, 여기서는 한국 사람, 즉 모든 한국인들을 의미하므로 the Korean people로 고쳐야 합니다.

정답 | Korean people ⇨ the Korean people

3 a와 the의 구분

a/an이나 the는 각각 여러 용법이 있지만, writing에서는 간단히 한 가지만 확실히 해 둡시다.
* the : 문맥상 한정되는 명사, 즉 이미 언급되었거나 특정한 것을 가리키는 명사 앞
* a/an : 문맥상으로도 한정되지 않는 불특정한 보통명사 ("어떤"의 의미일 때)

He doesn't know how to treat people who work for him.
people은 문장에서 who work for him이라는 관계절로 한정을 받기 때문에 the를 써 주어야 합니다.

정답 | people ⇨ the people

Hackers Writing Start

2nd week

[유형별 필수 표현]

Introduction

1일	....	선호, 동의, 반대를 나타내는 표현
2일	....	비교, 대조, 양보를 나타내는 표현
3일	....	인과, 주장을 나타내는 표현
4일	....	조건, 가정, 추측을 나타내는 표현
5일	....	예시, 인용을 나타내는 표현
6일	....	부연 설명, 요약을 나타내는 표현

Review Test

실수 클리닉 2

INTRO

2nd week 유형별 필수 표현

1주에서 writing에 필요한 기본적인 문법 사항들을 공부해보았다. 당장 마음은 급하고 이제 에세이를 써도 될 것 같은 생각이 든다. 하지만, 막상 글쓰기에 들어가서 쓰려고 하는 문장을 어떤 표현으로 시작해야 할 지 모른다면 어떻게 할 것인가? 2주에서는 아이디어에 따라 문장을 구성하는데 필수적으로 알아야 할 표현들을 유형별로 묶어 제시함으로써 그에 대한 해결 방안을 제시한다.

1. 아이디어를 이끄는 표현

참신한 아이디어를 많이 가지고 있고 문법을 잘 안다고 해도, 문장을 어떻게 시작해야 할지 몰라 당황하는 경우가 생길 수 있다. 이때 아이디어를 이끌어 주는 표현을 제대로 알고 있다면 에세이에 대한 부담감을 어느 정도 줄일 수 있고 자신의 생각을 자연스럽게 나타낼 수도 있다.

아이디어를 이끄는 표현이란 topic에 따른 구체적인 표현 작성 이전에 자신의 주장이나 의견을 밝히는 단계에서 필요한 표현을 말한다. 에세이가 단락(paragraph) 첫 문장에서 자신의 의견을 밝히는 구조를 가지듯(4주 참고), 개별 영어 문장도 의견이나 주장을 먼저 밝히고 그 뒤에 구체적인 내용을 서술하는 구조를 가지기 때문이다.

구체적인 예를 보자.

> **Ex** 나는 우주 개발에 돈을 쓰는 것에 반대한다.
>
> I object to spending money on space exploration.

> **Ex** 나는 우주 개발에 돈을 쓰는 것에 찬성한다.
>
> I agree with spending money on space exploration.

이 두 개의 문장은 각각 우주 개발에 반대한다는 의견과 찬성한다는 의견을 나타낸다. ('우주 개발' 과 같은 구체적인 표현들은 주제별로 분류되어 3주에 등장하니 쓰지 못할까봐 걱정하지 않아도 된다.) 구체적인 아이디어는 둘 다 '우주 개발에 돈을 쓰는 것' 이지만 그 아이디어를 이끄는 표현에 따라 주장하는 바가 정반대로 되었다.

2. 185 topic 유형에 따른 기본 표현

앞의 두 문장은 정부가 우주 개발과 사람들의 기본적인 요구 중 어디에 돈을 투자하는 것에 찬성하는지를 묻는 topic에서 쓸 수 있는 문장이다. 하지만, 'I object to 동명사구' 또는 'I agree with 동명사구' 같은 표현은 땅이 생기면 무엇을 지을 것인지를 묻는 topic이나, 좋은 동료가 갖추어야 될 자질을 묻는 topic에서는 거의 사용하지 않는다. 이때, topic의 유형 구분의 문제가 등장하게 된다. topic의 유형에 따라 에세이의 어조를 달리 해야 하는 것은 물론이고, 아이디어를 이끄는 표현들도 각각 구분해서 써야만 하기 때문이다. 아래의 표에서 topic의 유형과 유형별로 자주 쓰이는 표현에 대해 대략적으로 알아보고, 본문에서 좀 더 다양한 표현들을 공부하겠다.

topic 유형	유형별 특징	자주 쓰이는 표현	자주 쓰이는 표현의 예
선호형 문제	보통 두 가지의 상황을 제시해 주고, 둘 중 자신이 지지하는 쪽을 선택할 것을 요구한다.	선호, 동의, 반대를 나타내는 표현	I prefer A to B In my opinion, 주어 + 동사 It is evident that 주어 + 동사
비교 대조형 문제	보통 두 가지의 상황을 제시해 주고, 두 관점을 비교한 후에 자신이 지지하는 한쪽을 택하여 서술할 것을 요구한다.	비교, 대조, 양보를 나타내는 표현	Similarly, 주어 + 동사 In contrast, 주어 + 동사 Conversely, 주어 + 동사
설명형 문제	어떤 진술을 제시해 주고, 이 진술에 대한 이유를 서술할 것을 요구한다.	인과, 주장을 나타내는 표현	As a result, 주어 + 동사 That is why 주어 + 동사 For this reason, 주어 + 동사
찬반형 문제	어떤 진술을 제시해 주고, 이 진술에 대하여 자신이 찬성 입장인지 반대 입장인지를 밝혀 서술할 것을 요구한다.	선호, 동의, 반대를 나타내는 표현	I agree with 명사구 I object that 주어 + 동사 I question whether 주어 + 동사
가정형 문제	사건이나 미래의 상황을 제시해 주고, 자신이 그러한 상황하에 있다는 가정하에 글을 전개해 나갈 것을 요구한다.	조건, 가정, 추측을 나타내는 표현	Presumably, 주어 + 동사 What if 주어 + 동사 Suppose 주어 + 동사
의견 제시형	사람이나 물건의 특성이나 자질에 대해 서술할 것을 요구하거나, 주어진 질문에 대한 정의를 내릴 것을 요구한다.	인과, 주장을 나타내는 표현	There are many qualities 주어 have in common. I think the most important aspect of ~ is -

* 5일의 예시, 인용을 나타내는 표현과 6일의 부연설명, 요약을 나타내는 표현은 모든 topic유형에 쓰인다.

[1일 ── 선호, 동의, 반대를 나타내는 표현]

overview

혼자 공부하는 것과 그룹 스터디 하는 것 중 어느 것을 선호하는지를 묻는 topic이 있다. 이 topic을 만났을 때, '나는 혼자 공부하는 것보다 그룹 스터디 하는 것을 더 선호한다' 라는 문장을 쓰려고 한다. 이때 '**나는 ~보다 ―를 더 선호한다**' 라는 표현은 'I prefer ― to ~' 로 나타낼 수 있다. 따라서 완성된 문장은 'I prefer studying with a group of students to studying alone.' 이 된다. 이와 같이 1일에 배울 선호, 동의, 반대를 나타내는 표현들은 선호형 문제와 찬반형 문제에 유용하게 쓸 수 있다.

1 나는 B보다 A를 선호한다.
I prefer A to B

나는 집에서 요리하는 것 **보다** 식당에서 먹는 것을 **선호한다**.
I prefer eating at restaurants **to** cooking at home.

≫ A와 B자리에 들어가는 것 : (동)명사구

* A와 B자리에 to 부정사구를 써야 할 경우 prefer A (rather) than B로 쓴다.

2 내 생각에는 ~이다.
In my opinion, 주어 + 동사

내 생각에는, 농구가 야구보다 더 게임하기 재미있다.
In my opinion, basketball is more fun to play than baseball.

3 나는 ~라고 굳게 믿고 있다.
I firmly believe that 주어 + 동사

나는 네가 너 자신의 운명을 만든다고 굳게 믿고 있다.
I firmly believe that you make your own destiny.

4 ~는 명백하다.
It is evident that 주어 + 동사 / Evidently, 주어 + 동사

피고가 유죄라는 것은 **명백하다**.
It is evident that the defendant is guilty.

5 A와 B중 하나를 선택해야 한다면, 나는 ~을 선택하겠다.
Given the choice between A and B, I would choose ~

큰 공립 대학과 작은 사립 대학에 다니는 것 중 하나를 선택해야 한다면, 나는 공립 대학을 택하겠다.
Given the choice between attending a large public university **and** a small private college, **I would choose** the public university.

6 A와 B중 하나를 선택하는 것은 어렵지만, ~이다.
It is hard to choose between A and B, but 주어 + 동사

가족과 일 중 하나를 선택하는 것은 어렵지만, 지금으로선 나의 일이 최우선이다.
It is hard to choose between family **and** career, **but** for now my career comes first.
〉〉 ~가 최우선이다 : ~ come first (↔ come last)

7 대체로, 내가 위에서 논의한 이유들 때문에 ~하는 것이 낫다.
By and large, it is better + to 부정사 for the reasons (that) I have discussed above.

대체로, 내가 위에서 논의한 이유들 때문에 대학원에 가기 전에 일을 하는 것이 낫다.
By and large, it is better to work before attending graduate school **for the reasons I have discussed above**.

8 ~에 장점이 있을지 모르지만, 나는 -하는 것을 선호한다.
Perhaps ~ has its advantages, but I prefer + to 부정사

디지털 카메라를 사용하는 것에 장점이 있을지 모르겠지만, 나는 일반 카메라로 사진을 찍는 것을 선호한다.
Perhaps using a digital camera **has its advantages, but I prefer to** take pictures with a regular camera.

9 나는 ~에 동의한다.
I agree with ~ / I agree that 주어 + 동사

나는 법원의 결정에 동의한다.
I agree with the decision of the court.

나는 국가의 의료 제도에 변화가 필요하다는 것에 동의한다.
I agree that changes are needed in the nation's health care system.

10 이를 지지하여, ~이다.
In support of this, 주어 + 동사

이를 지지하여, 국가들은 이민자들에 대해 더 열려 있어야 한다.
In support of this, countries should be more open to immigrants.
* 이 표현을 쓸 때는 바로 앞에 반드시 자신의 논지를 나타내는 문장이 있어야 한다.

선호, 동의, 반대를 나타내는 표현

11 나는 ~(라는 생각)을 강력히 지지한다.
I strongly support the idea of ~

나는 학교에서 체벌을 금지해야 한다는 생각을 강력히 지지한다.
I strongly support the idea of banning corporal punishment in schools.

≫ 체벌 : corporal punishment

12 이 문제에 대한 나의 견해는 ~이다.
My view on this issue is that 주어 + 동사

이 문제에 대한 나의 견해는, 불치병으로 고통 받는 환자들에게 안락사가 허용되어야만 한다는 것이다.
My view on this issue is that euthanasia should be allowed for patients suffering from a terminal disease.

≫ 안락사 : euthanasia

13 논의하고자 하는 두 가지 요점은 ~와 -이다.
My two main points for discussion are ~ and -

논의하고자 하는 두 가지 요점은 인간 복제의 윤리적인 문제와 남용 가능성이다.
My two main points for discussion are the ethical issues **and** potential abuses of human cloning.

≫ 인간 복제 : human cloning

14 나는 ~에 반대한다.
I object to ~ / I object that 주어 + 동사

나는 학교의 복장 규제 정책에 반대한다.
I object to the school's dress code policy.

나는 동물들이 모피코트를 만드는 데 사용되는 것에 반대한다.
I object that animals are being used to make fur coats.

15 보편적인 견해와 반대로(달리), ~이다.
Contrary to popular opinion, 주어 + 동사

보편적인 견해와는 반대로, 대부분의 대학생들은 술을 많이 마시지 않는다.
Contrary to popular opinion, most college students are not heavy drinkers.

≫ 술을 많이 마시는 사람 : a heavy drinker

16 나는 ~인지 의심스럽다, 의문이다.
I question whether 주어 + 동사

나는 그녀가 진심으로 진지하게 사과했던 건지 의심스럽다.
I question whether she was truly sincere in her apology.

17 ~는 모든 사람에게 바람직하지 않을 수도 있다.
   주어 **may not be desirable for everyone**.

   애완동물을 소유하는 것은 모든 사람에게 바람직하지 않을 수도 있다.
   Having a pet **may not be desirable for everyone**.

18 이것은 ~라는 문제를 대두시킨다.
   This raises the question of ~

   이것은 직장에서의 사생활 문제를 대두시킨다.
   This raises the question of privacy in the workplace.

19 어떤 사람들은 ~에 반대할지도 모른다.
   Some people may be opposed to ~

   어떤 사람들은 인도주의적인 이유로 전쟁에 반대할 지도 모른다.
   Some people may be opposed to the war for humanitarian reasons.

20 ~의 가장 큰 문제는 -이다.
   The major problem of ~ **is that** 주어 + 동사

   과학 기술의 가장 큰 문제는 이것이 빈부 격차를 심화시킨다는 것이다.
   The major problem of technology **is that** it further widens the gap between the rich and the poor.

21 나는 ~가 -라고 생각하지 않는다.
   I don't think it is 형용사 **+ to** 부정사 / **I don't think it is** 형용사 + **that** 주어 + 동사

   나는 학생들이 교복을 입도록 만드는 것이 필요하다고 생각하지 않는다.
   I don't think it is necessary **to** make students wear uniforms.

   나는 정치인들이 로비스트들로부터 기부금을 받는 것이 옳다고 생각하지 않는다.
   I don't think it is right **that** politicians receive contributions from lobbyist.

22 나는 ~(라는 생각)에 전적으로 반대한다.
   I am very against the idea of ~

   개인적으로, 나는 어떤 형태의 검열이든 전적으로 반대한다.
   Personally, **I am very against the idea of** censorship in any form.

23 어떤 사람들은 ~라고 생각하지만, 나는 몇몇 이유로 이러한 관점에 반대한다.
   Some people think that 주어 + 동사, **but I disagree with this point of view for several reasons**.

   어떤 사람들은 돈이 모든 악의 근원이라고 생각하지만, 나는 몇몇 이유로 이러한 관점에 반대한다.
   Some people think that money is the root of all evil, **but I disagree with this point of view for several reasons**.

Hackers Writing Start

1일 Daily Check-up

① 무언가 잘못된 것이 확실하다.

② 나는 이 기사(article)의 필자에 동의한다.

③ 나는 나 없이 결정이 내려지는 것에 반대한다.

④ 대학에 가는 것은 모든 사람에게 바람직하지 않을 수도 있다.
　＊ 바람직한 : desirable

⑤ 나는 안경보다 콘택트 렌즈를 선호한다.

⑥ 나는 선거일을 국가 공휴일로 지정해야 한다는 생각을 강력히 지지한다 .
　＊ 국가 공휴일: a national holiday　　＊ 선거일: election day

⑦ 나는 제품 실험에 동물을 사용하는 것에 전적으로 반대한다.
　＊ 제품 실험 : product testing

⑧ 내 생각에, 그것은 텔레비전에서 최고의 쇼이다.

⑨ 나는 모든 남자들이 군대에 갈 필요가 있는지 의문이다.
　＊ 군대에 가다 : go to the military

⑩ 보편적인 견해와는 반대로, 모든 사람의 표(vote)가 중요하다.
　＊ 중요하다, 문제가 되다 : matter

⑪ 이를 지지하여, 나는 장애인 시설을 더 만드는 것을 선택하겠다.
　＊ 장애인 시설 : handicapped facilities

⑫ 국가 공통 언어의 가장 큰 문제는 이것이 다양화(diversity)를 저해한다는 것이다.
　＊ 저해하다 : discourage

⑬ 편지를 쓰는 것과 이메일을 보내는 것 중 하나를 택해야 한다면, 나는 편지를 쓰는 것을 택하겠다.

⑭ 이 문제에 대한 나의 견해는, 사람들이 인터넷에서 음악이나 영화를 다운로드 받을 수 있어야 한다는 것이다.

⑮ 이것은 정부가 이렇게 큰 돈이 드는 계획에 어떻게 자금을 댈 계획을 세울 것인지의 문제를 대두시킨다.
　＊ 자금을 대다 : fund　　＊ 큰 돈이 드는 계획 : a costly project

정답 p. 266

Hackers Writing Start — 1일 Daily Test

❶ 여행 가이드와 여행하는 것은 모든 사람에게 바람직하지 않을 수도 있다.

❷ 컴퓨터가 정보 검색을 훨씬 쉬운 일로 만들었다는 것은 명백하다.
   * 정보 검색 : finding information

❸ 나는 대학생들이 그다지 관심이 없는 과목도 강제적으로 수강해야 하는지 의문이다.
   * ~하도록 강요 받다 : be forced to 부정사   * ~에 관심이 있다 : have interest in ~

❹ 이를 지지하여, 기술적으로 발전된 나라들을 볼 수 있다.
   * 기술적으로 발전된 : technologically advanced

❺ 보편적인 견해와는 달리, 텔레비전은 가족 간의 대화 단절에 대한 책임이 없다.
   * ~에 책임이 있다 : be responsible for ~   * 가족 간의 대화 단절 : breakdown in family communication

❻ 나는 학생들에 의해 선생님이 평가되어야 한다는 생각을 강력히 지지한다.
   * 평가하다 : evaluate

❼ 나는 아이들이 학교에 들어가자마자 외국어(second language)를 배워야 한다는 진술에 동의한다.

❽ 나는 우리 지역사회(community)에 새로운 고등학교가 지어지는 것에 전적으로 반대한다.

❾ 혼자서 시간을 보내는 것에 장점이 있을지 모르지만, 나는 기회가 있을 때는 친구들과 함께 있는 것을 선호한다.

⑩ 이것은 동일한 세계 문화를 갖는 것이 유익한(beneficial)가에 대한 문제를 대두시킨다.
   * 동일한 세계 문화 : a single world culture

⑪ 이 문제에 대한 나의 견해는, 고소득이 사랑하는 이들과의 잃어버린 시간을 메워주지 못한다는 것이다.
   * 고소득 : a high salary   * ~을 메우다, 만회하다 : make up for ~   * 잃어버린 시간 : the time lost

⑫ 어떤 사람들은 또래들(peers)이 10대 후반 청소년들에게 있어 가장 중요한 영향력(influence)이라 생각하지만, 나는 몇몇 이유로 이러한 시각에 반대한다.   * 청소년 : young adult

⑬ 집을 사는 것과 사업체(business)를 소유하는 것 중 하나를 선택해야 한다면, 나는 사업체를 선택하겠다.

⑭ 대체로, 내가 위에서 논의한 이유들 때문에 십대들이 스스로 결정을 내리도록 하는 것이 낫다.
   * A가 ~하도록 허락하다 : allow A to 부정사

⑮ 어떤 사람들은 더 많은 땅을 개발하는 데 반대할지도 모르지만, 나는 경제 성장과 인구 과다(overpopulation) 때문에 그것이 필요하다고 생각한다.
   * 경제 성장 : economic growth

정답 p. 266

[2일 ——— 비교, 대조, 양보를 나타내는 표현]

overview

실제 경험에서 얻은 지식과 책에서 배운 지식을 비교 대조하고, 어떤 것이 더 중요하다고 생각하는지 서술하라는 topic을 만나서 '책을 통해서 얻은 지식과 비교할 때, 실제 경험에서 얻은 지식은 오래 간직하기 더 쉽다.' 라는 문장을 쓰려고 한다. 이때 '~와 비교할 때, —이다.' 라는 표현을 알아야 하는데, 이는 본문을 참고하면 'Compared with ~, 주어 + 동사' 로 나타낼 수 있다. 따라서 완성된 문장은 'Compared with the knowledge gained through books, knowledge from experience is much easier to retain.' 이 된다. 이와 같이 2일 비교, 대조, 양보를 나타내는 표현은 비교 대조형 문제에 유용하게 쓸 수 있다.

1 마찬가지로, ~이다.
In the same way, 주어 + 동사

마찬가지로, 사람들은 교제와 지지가 필요하다.
In the same way, people need companionship and support.

2 그와 비슷하게, ~이다.
Similarly, 주어 + 동사

그와 비슷하게, 상당한 다양성이 사람들 사이에서 발견된다.
Similarly, a great deal of diversity can be found in people.

3 ~와 비교할 때, -이다.
Compared with ~ , 주어 + 동사

지난해와 비교할 때, 대학 지원자들의 수가 감소했다.
Compared with last year, the number of college applicants has declined.

4 ~는 -와 비교할 수 없다.
주어 can not compare with ~

그 작곡가의 최근 작품은 그의 이전의 작품들과 비교할 수 없다.
The composer's latest piece **can not compare with** his previous works.

5 ~는 -라는 근거하에 비교되어야 한다.
~ should be compared on the basis of -

이 두 개의 제품은 비용과 신뢰성이라는 근거하에 비교되어야 한다.
The two products **should be compared on the basis of** cost and reliability.

6 A와 B는 ~라는 점에서 (~가) 비슷하다.
A is similar to B in ~

지구와 금성은 크기가 비슷하다.
The Earth **is similar to** Venus **in** size.

7 ~는 장점과 단점을 모두 지닌다.
주어 has its own advantages and disadvantages.

모든 형태의 정부는 장점과 단점을 모두 지닌다.
Every form of government **has its own advantages and disadvantages**.

8 ~는 B에게 그렇듯이 A에게도 중요하다.
주어 is every bit as important for A as for B

좋은 성적을 받는 것은 내 평점에 그렇듯이 나의 미래에도 중요하다.
Getting good grades **is every bit as important for** my future **as for** my GPA(Grade Point Average).

9 ~의 장점이 단점보다 훨씬 크다.
The advantages of ~ far outweigh the disadvantages.

내 생각에는 형제를 갖는 것의 장점이 단점보다 훨씬 크다.
In my opinion, **the advantages of** having a sibling **far outweigh the disadvantages**.

10 ~의 가장 큰 장점 중의 하나는 -이다.
One of the most attractive features of ~ is -

아파트의 가장 큰 장점 중의 하나는 멋진 도시 전경이다.
One of the most attractive features of the apartment **is** the wonderful view of the city.

11 대조적으로, ~ 이다.
In contrast, 주어 + 동사 / On the contrary, 주어 + 동사

대조적으로, 웹사이트는 자주 업데이트 된다.
In contrast, web sites are frequently updated.

비교, 대조, 양보를 나타내는 표현

12 ~에 반대하여 -하다.
주어 + 동사 in opposition to ~ / In opposition to ~, 주어 + 동사

대부분의 국가들이 또 다른 전쟁에 반대하여 말하고 있다.
Most nations are speaking out **in opposition to** another war.
≫ 용기를 내어 말하다, 큰 소리로 말하다 : speak out

13 반대로, ~이다.
Conversely, 주어 + 동사

반대로, 가격이 낮아질수록 수요가 커진다.
Conversely, the lower the price the greater the demand.

14 하지만, ~와는 다르게, -이다.
However, unlike ~ , 주어 + 동사

하지만, 원작과는 다르게, 그 속편은 어떤 창의력도 보여주지 않았다.
However, unlike the original movie, the sequel showed no imagination.

15 일반적으로 인정되는 바와 같이, ~에는 단점이 있다.
Admittedly, there are drawbacks to ~

일반적으로 인정되는 바와 같이, 홈스쿨링에는 단점(주로 다른 학생들과의 상호작용이 부족한 것)이 있다.
Admittedly, there are drawbacks to home schooling, namely a lack of interaction with other students.

16 ~의 예상과는 반대로, -이다.
Contrary to the prediction by ~ , 주어 + 동사

음반 업계의 예상과는 반대로, CD 판매는 다운로드에 의해 영향을 받지 않았다.
Contrary to predictions by the music industry, CD sales have been unaffected by downloads.

17 완벽하게 -한 ~는 없다.
There is no single ~ that is totally -

완벽하게 결점이 없는 사람은 없다.
There is no single person **that is totally** free of flaws.
≫ ~이 없는 : free of~

18 ~는 -사이에서 오랫동안 논쟁거리였다.
주어 has long been a controversy among -

차별 철폐 조처는 국회의원과 교육자들 사이에서 오랫동안 논쟁거리였다.
Affirmative action **has long been a controversy among** lawmakers and educators.

19 한편으로 ~ 이지만, 다른 한편으로는 ~ 이다.
On the one hand 주어 + 동사, but on the other hand 주어 + 동사

한편으로 집에 가는 것이 기쁘지만, 다른 한편으로는 유학하는 동안 사귄 친구들을 그리워할 것이다.
On the one hand, I'm glad to be going home, **but on the other hand**, I'll miss the friends I've made while studying abroad.

20 ~는 A에게는 효과적인 방법이지만, B에게는 비효과적이다.
주어 be an effective way for A, but be ineffective for B

강의는 어떤 학생들이 학습하는 데는 효과적인 방법이지만 다른 학생들에게는 비효과적이다.
Lectures **are an effective way for** some students to learn, **but are ineffective for** others.

21 그럼에도 불구하고, ~이다.
Even so, 주어+동사 / Nevertheless, 주어 + 동사

그럼에도 불구하고, 너는 매우 일을 잘 해냈다.
Even so, you did a very good job.

22 ~에도 불구하고, -이다.
In spite of ~, 주어 + 동사

가난한 어린시절에도 불구하고, 그는 불평등을 극복하고 큰 성공을 이룩했다.
In spite of a difficult childhood, he overcame the odds to achieve great success.

23 비록 ~에 대해서는 찬반의 견해가 존재하지만, -이다.
Although there are pros and cons to ~ , 주어 + 동사

비록 신용카드에 대해서는 찬반의 견해가 존재하지만, 그것은 재정적으로 위급한 시기에는 유용하다.
Although there are pros and cons to credit cards, they are useful in times of financial emergency.

Hackers Writing Start

2일 Daily Check-up

① 그와 비슷하게, 애완 동물들 역시 사랑과 애착(affection)을 필요로 한다.

② 그는 그의 형과 성격이 비슷하다.

③ 마찬가지로, 독서는 마음을 강하게 한다(strengthen).

④ 하지만, 작년과 다르게, 나는 직장에서 휴가를 얻을 것이다.

⑤ 반대로, 월급쟁이(salaried workers)들은 초과 근무 수당을 받지 않는다.
   * 초과 근무 수당을 받다 : get paid overtime

⑥ 책과 비교할 때, 영화는 큰 실망이었다.

⑦ 반대로, 가장 최근의 모델은 사용하기 단순하다.

⑧ Rebecca의 부모님들은 그녀가 학교를 그만두는 것에 반대하셨다.
   * (학교)를 그만두다, 중퇴하다 : drop out of ~

⑨ 그 구 모델은 신 모델과 비교될 수 없다.

⑩ 그 소녀의 얼굴에서 가장 큰 장점(매력적인 점) 중의 하나는 미소이다.

⑪ 모든 사람에게 완벽하게 맞는 방법은 없다.
　　＊ ~에 맞다, 적절하다 : be suited for ~

⑫ 일반적으로 인정되는 바와 같이, 시력 교정 수술을 받는 것에는 단점이 있다.
　　＊ 시력 교정 수술 : corrective eye surgery

⑬ 한편으로는 인터넷에 굉장히 많은 정보가 있지만, 다른 한편으로는 정확히 당신이 찾고 있는 것을 발견하기가 어렵다.

⑭ 기상학자(meteorologist)의 예상과는 반대로, 일주일 내내 비가 올 조짐이 없었다.
　　＊ ~의 조짐이 없다 : there be no sign of ~　　＊ 일주일 내내 : all week

⑮ 한 해 한 차례씩의 건강 검진은 노인들에게 그렇듯이 젊은 사람들에게도 중요하다.
　　＊ 한 해 한 차례씩의 건강 검진 : annual check-ups

2일 Daily Test

❶ 나는 나의 친구들과 여러 가지 면에서 비슷하다.

❷ 다른 아이들과 비교할 때, 운동을 하는 학생들은 목표를 세우고 시간을 관리하는 데 더 능숙하다.
   * ~에 능숙하다, 잘 하다 : be good at ~   * 목표를 세우다 : set goals   * 시간을 관리하다: manage time

❸ 게임을 TV로 보는 것은 그것을 실제로 보는 것과 비교될 수 없다.
   * 실제로 : live

❹ 그와 비슷하게, 어떤 학습 방법도 모든 사람들에게 도움이 되지는 않는다.
   * ~에 도움이 되다, 작용하다 : work for ~

❺ 피고용인들(employees)은 근속연수(seniority)가 아닌 업무 수행이라는 원칙하에 비교되어야 한다.
   * 업무수행: job performance

❻ 반대로, 열심히 일하는 사람들은 자신의 운을 만들어 낸다.
   * 만들다 : create

❼ 하지만, 사람의 외모(look)와 달리, 성격은 첫인상에 의해 판단될 수 없다.
   * 첫인상 : first impression

❽ 각각의 형태의 대중 교통(public transportation)은 장점과 단점을 모두 지닌다.
   * 각각의 형태의 ~ : each form of ~

❾ 내 생각에는, 지역 사회의 한 부분으로서 대학이 있는 것의 장점이 단점보다 훨씬 크다.

❿ 독서란 어떤 사람들에게는 배우기 위한 효과적인 방법이지만, 나 자신과 같은 능동적인 학습자들에게는 비효과적이다.   * 능동적인 학습자 : active learner

⓫ 많은 전문가들의 예상과는 반대로, 인터넷은 일시적인 유행이 아니었고 우리가 사는 방법을 혁신시켜 놓았다.   * 일시적인 유행 : a passing fad   * 혁신시키다 : revolutionize

⓬ 비록 개인적인 경험을 통해 학습하는 것에는 찬반의 견해가 존재하지만, 이것은 다른 사람의 충고에 의지하는 것보다 더 바람직하다.
   * 개인적인 경험 : personal experience   * ~가 - 보다 더 바람직하다 : ~ be more preferable than-   * 의지하다 : rely on

⓭ 광고는 물건을 파는 회사들에게 그렇듯이 소비자들에게도 중요하다.

⓮ 인정되는 바와 같이, 과외 시간의 많은 부분을 운동하는 데 할애하는 어린 아이들에게는 단점이 있다.
   * (시간·돈 따위를) ~에 바치다, 쏟다 : devote (time, money) to~   * 과외 시간 : extracurricular time

⓯ 텔레비전 시청은 그것이 아이들에게 끼치는 영향에 대해 의견이 일치하지 않는 부모들 사이에서 오랫동안 논쟁거리였다.   * ~에 대해 의견이 불일치하는 : in disagreement over ~   * ~에 영향을 끼치다 : have effects on~

정답 p. 266

3일 — 인과, 주장을 나타내는 표현

overview

좋은 이웃의 자질이 무엇인지를 묻는 topic에서 '개인의 사생활에 대한 권리를 존중하는 것은 매우 중요하다. 이러한 이유로, 좋은 이웃은 타인의 개인적인 삶에 지나치게 간섭하면 안된다.' 라는 두 문장을 쓰려고 한다. 본문의 표현을 참고하면 '이러한 이유로 ~이다.' 는 'For this reason, 주어 + 동사' 를 사용하면 된다. 따라서 완성된 문장들은 'It is important to respect a person's right to privacy. For this reason, good neighbors should not pry into the personal lives of others.' 이와 같이 3일 인과, 주장을 나타내는 표현은 설명형 문제나 의견 제시형 문제에 유용하게 쓸 수 있다.

1 그 결과로, ~되었다.
As a result, 주어 + 동사

그 결과로, 석유의 가격이 떨어졌다.
As a result, oil prices fell.

2 ~의 결과로, -되었다
As a result of ~, 주어+동사

그가 입은 부상의 결과로, 그는 일을 계속 할 수 없었다.
As a result of his injuries, he was unable to continue working.

3 따라서, ~이다.
Accordingly, 주어 + 동사

따라서, 좋은 고객 서비스를 갖추는 것은 중요하다.
Accordingly, it is important to have good customer service.

4 결과적으로 ~이다.
Consequently, 주어 + 동사 / As a consequence, 주어 + 동사

결과적으로, 나는 시험에서 나쁜 성적을 받았다.
Consequently, I received a bad grade on the test.

5 ~때문에, -이다.
Owing to ~ , 주어 + 동사

병 때문에, 나는 취업 면접 일정을 다시 짜야 했다.
Owing to an illness, I had to reschedule my job interview.

6 이러한 이유 때문에, ~이다.
For this reason, 주어 + 동사

이러한 이유 때문에, 모든 1학년 학생들이 같은 수업을 듣는다.
For this reason, all first-year-students take the same classes.

7 그것이 ~의 이유이다.
That is why 주어 + 동사

그것이 균형 잡힌 식단을 섭취하는 것이 중요한 이유이다.
That is why it is important to have a balanced diet.

8 이것은 ~을 보여준다.
This reflects ~

이것은 역할 모델이 어린 아이들에게 미칠 수 있는 영향을 보여준다.
This reflects the influence role models can have over young children.

9 이것은 ~의 원인이다.
This gives rise to ~

이것은 높은 콜레스테롤 수치와 심장병과 같은 문제들의 원인이다.
This gives rise to problems such as high cholesterol and heart disease.

10 예상했던 대로(역시), ~이다.
As might be expected, 주어 + 동사

예상했던 대로, 사람들의 여행이 줄어듦에 따라 주요 항공사들은 도산 위험에 처해 있다.
As might be expected, major airlines are in danger of bankruptcy with people traveling less.
》》~의 위험에 처해 있다 : be in danger of~

11 ~가 공통적으로 가지고 있는 점들이 있다.
There are several qualities 주어 have in common.

훌륭한 지도자들이 공통적으로 가지고 있는 점들이 있다.
There are several qualities good leaders **have in common**.

12 그러므로, 우리는 ~에서 이러한 점들을 발견하기를 기대할 수 있을 것이다.
Therefore, we could expect to find these attributes in ~

그러므로, 우리는 잘 작성된 연구 자료에서 이러한 점들을 발견하기를 기대할 수 있을 것이다.
Therefore, we could expect to find these attributes in a well-written research paper.

13 이러한 면에서, ~이다.
In this sense, 주어 + 동사

이러한 면에서, 나는 그녀의 시각에 동의한다.
In this sense, I would agree with her viewpoint.

14 나는 ~에게 -할 것을 권하겠다.
I would encourage 사람 + to 부정사

나는 아이들에게 즐거움을 위해 독서하는 데 시간을 보낼 것을 권하겠다.
I would encourage children **to** spend time reading for enjoyment.

15 긍정적인 면에서 볼 때, ~이다.
On the positive side, 주어 + 동사

긍정적인 면에서 볼 때, 신문은 더 광범위한 문화적, 정치적 자각을 일으킨다.
On the positive side, newspapers create broader cultural and political awareness.

16 ~는 확실하다.
It is clear that 주어 + 동사

중요한 진보가 이루어졌다는 것은 확실하다.
It is clear that significant progress has been made.

17 ~에는 의심의 여지가 없다.
There is no question that 주어 + 동사

그가 그의 분야에서 최고가 될 수 있는 재능을 갖고 있다는 점에는 의심의 여지가 없다.
There is no question that he has the talent to be the best in his field.

18 나는 ~라고 확신해 왔다.
I have convinced myself that 주어 + 동사

나는 올바른 결정을 하고 있는 것이라고 확신해 왔다.
I have convinced myself that I am making the right decision.
　》 결정하다 : make a decision

19 -하는 좋은 방법은 ~이다.
A good way to 부정사 is by ~

사업상의 연줄을 만드는 좋은 방법은 회사에서 인턴으로 일하는 것이다.
A good way to develop business contacts **is by** interning at a company.

20 이러한 이유 때문에, 나는 ~라고 생각한다.
For all these reasons, I think that 주어 + 동사

이러한 이유 때문에, 나는 법적인 음주 가능 연령이 21세로 높아져야 한다고 생각한다.
For all these reasons, I think that the legal drinking age should be raised to twenty-one.

21 나는 ~을 확실히 할 필요가 있다.
I need to ensure that 주어 + 동사

나는 내 돈을 투자하기 전에 그 기업이 재정적으로 성장할 만한지 확실히 할 필요가 있다.
I need to ensure that the business is financially viable before I invest my money.

22 그 문제에 대한 사실은 ~이다.
The truth of the matter is that 주어 + 동사

그 문제에 대한 사실은 아이들이 공부하는 데 보다 TV를 보는 데 더 많은 시간을 소비한다는 것이다.
The truth of the matter is that children spend more time watching television than they do studying.

23 나는 ~에 있어서 가장 중요한 점이 -라고 생각한다.
I think the most important aspect of ~ is -

나는 어떤 관계에서든 가장 중요한 점은 의사소통이라고 생각한다.
I think the most important aspect of any relationship **is** communication.

24 여러 가지 이유로 ~는 분명한 듯 보인다.
It seems clear that 주어 + 동사 **for several reasons.**

여러 가지 이유로 종교가 사람들의 삶에서 중요한 부분이라는 것은 분명한 듯 보인다.
It seems clear that religion is an important part of people's lives **for several reasons**.

25 그것은 대부분 ~때문이다.
주어 + 동사**, and that is largely due to ~**

수익이 증가하였고, 그것은 대부분 마케팅 팀이 쏟아 부은 노력 덕분이다.
Profits have increased, **and that is largely due to** the hard work put in by the marketing team.

Hackers Writing Start

3일 Daily Check-up

① 나는 담배를 끊어야 한다는 것을 확신해 왔다.

② 따라서, 그는 치과에 가야만 했다.

③ 그것이 내가 사형에 반대하는 이유이다.
　　＊사형 : death penalty

④ 이러한 이유로, 새로운 안전법(a safety law)이 통과되었다.

⑤ 비 때문에, 야유회(picnic)는 취소되었다.

⑥ 그 결과로, 나는 오전 수업들에 빠졌다.

⑦ 이것은 지난 50년간 사회가 얼마나 많이 변화해 왔는지를 보여준다.

⑧ 나는 누구에게나 꿈을 좇으라고 권하겠다.
　　＊좇다 : follow

⑨ 사업을 시작하는 데 노력이 든다는 것에는 의심의 여지가 없다.
　　＊~에 노력이 들다 : ~ take hard work

⑩ 여러 가지 이유로 복지 개혁이 필요하다는 것은 분명하다.
　　＊ 복지 개혁 : welfare reform

⑪ 그 문제에 대한 사실은 모든 신문이 어느 정도는 편견을 갖고 있다는 것이다.
　　＊ 편견을 가지다 : be biased　　＊ 어느 정도는 : to some degree

⑫ 이것은 IT산업에서의 높은 수요의 원인이다.
　　＊ 높은 수요 : huge demand

⑬ 그러므로 우리는 현대 민주주의에서 이러한 점들을 발견 하기를 기대할 수 있을 것이다.

⑭ 이러한 이유 때문에, 나는 전혀 시도하지 않는 것 보다 시도해 보고 실패하는 것이 낫다고 생각한다.
　　＊ B하는 것 보다 A하는 것이 더 낫다 : It is better A than B

⑮ 사람들을 만날 수 있는 좋은 방법은 조직에 적극적으로 참여하는 것이다.
　　＊ ~에 참여하다, 참가하다 : be involved in~

정답 p. 267

3일 Daily Test

❶ 결과적으로, 나는 사람을 결코 외모(appearance)로 판단하지 말 것을 배웠다.
　＊~하지 말것 : never to 부정사

❷ 긍정적인 면에서 볼 때, 그 지역(neighborhoods)은 안전하고 사람들이 매우 우호적이다.

❸ 이것은 아이가 어른이 되기 위해 겪는 성장(growth)을 보여준다.
　＊겪다 : go through　＊어른이 되다 : reach adulthood

❹ 많은 천연 자원의 공급이 부족하다는 데 의심의 여지가 없다.
　＊천연자원 : natural resources　＊~의 공급이 부족하다 : ~ be in short supply

❺ 사람들은 외국 영화의 인기(popularity) 때문에 다른 문화에 대해서 많이 알게 되었다.
　＊외국 영화 : foreign film

❻ 나는 학생들에게 그들이 정말(truly) 관심 있는 학문적 주제를 탐구하라고 권하겠다.
　＊학문적 주제 : academic subject　＊탐구하다 : pursue

❼ 그것이 우정에 관해서는 사람들이 다른 어떤 것보다 신뢰감(reliability)에 가치를 두어야 하는 이유이다.
　＊~에 가치를 두다 : value ~　＊다른 어떤 것보다 : above all else　＊~에 관해서는 : when it comes to ~

❽ 나는 모든 성공한 사람들이 야심이라는 공통적인 특성(trait)을 공유한다는 사실을 확신해 왔다.

❾ 모든 성공한 사람들이 공통적으로 가지고 있는 점들이 있다.

❿ 여러 가지 이유로 학생이 교복을 입어야 한다는 것은 분명하다.

⓫ 예상했던 대로, 순종(obedience)은 부모님들이 아주 가치 있게 여기는 특성이다.

⓬ 이것은 모든 사람들 사이의 동등함(equality)에 대한 근원이다.

⓭ 이러한 이유 때문에, 나는 부모들이 최고의 선생님이 될 수 없다고 생각한다.

⓮ 아이들에게 책임감(responsibility)을 가르치는 좋은 방법은 그들에게 돌볼 애완동물(pet)을 주는 것이다.
   ＊ 돌보다 : care

⓯ 나는 좋은 양육에 있어서 가장 중요한 점은 인내(patience)와 이해(understanding)라고 생각한다.
   ＊ 좋은 양육 : good parenting

정답 p. 267

Hackers Writing Start

[4일 ── 조건, 가정, 추측을 나타내는 표현]

overview

만일 당신이 새로운 것 하나를 발명한다면 어떤 것을 개발하겠는지를 묻는 topic에서 '이것이 이미 존재하지 않는다는 조건으로, 나는 지금까지 출판된 모든 책을 다운로드할 수 있는 휴대용 전자책을 만들 것이다.' 라는 문장을 쓰려고 한다. 이때 문장의 틀이 되는 '나는 -라는 조건으로(만약 -라면) ~할 것이다.' 라는 표현은 'I would 동사원형 ~ on the condition that 주어 + 동사' 라고 쓰면 된다. 따라서 완성된 문장은 'I would invent a portable e-book that can download any book ever published on the condition that it does not exist yet.' 이 된다. 이와 같이 4일에 배우는 조건, 가정, 추측을 나타내는 표현들은 가정형 문제에 유용하게 쓸 수 있다.

---

1 만일 ~라면 -일 것이다.
주어 + would + 동사원형 + providing that 주어 + 동사

만일 Susan이 출신 검토를 통과한다면 직업을 얻을 것이다.
Susan **would** get the job **providing that** she passed the background check.

2 나는 지금 ~라는 전제하에 말하고 있다.
Here I am assuming that 주어 + 동사

나는 지금 모든 다른 선택 사항이 없어졌다는 전제하에 말하고 있다.
Here I am assuming that all other options have been exhausted.

3 그것이 나에게 달려 있다면 (나라면), 나는 ~할 것이다.
If it were up to me, I would 동사원형

그것이 나에게 달려 있다면, 나는 사람들이 일하는 데 보내는 시간을 줄일 것이다.
If it were up to me, I would shorten the hours people spend working.

4 ~할 때는 -가 가장 필요하다고 생각한다.
I believe - is most needed when 주어 + 동사

문제가 너무 어려워서 혼자서 풀 수 없을 때는 충고가 가장 필요하다고 생각한다.
I believe advice **is most needed when** problems are too difficult to solve on your own.

   ≫ 너무 ~해서 – 할 수 없다 : too ~ to 부정사

5 나는 ~라는 조건으로(만약 ~라면) -할 것이다.
I would 동사원형 ~ on the condition that 주어 + 동사

나는 문제가 있을 경우 환불 받을 수 있다는 조건으로 TV를 살 것이다.
I would buy the television **on the condition that** I can get my money back if I have problems with it.

6 ~에 관한 한(~할 때) -는 충분하지 않을 수도 있다.
주어 would not be enough when 주어 + 동사

내가 인턴쉽에 지원할 때 좋은 성적만으로 충분하지 않을 수도 있다는 것을 알고 있었다.
I knew that good grades **would not be enough when** I applied for the internship.
》 ~에 지원하다 : apply for ~

7 ~한다면 한 가지 이점은 -일 것이다.
One advantage would be 명사구 if 주어 + 동사

쇼핑 센터가 인근에 지어진다면, 한 가지 이점은 편리함일 것이다.
One advantage would be convenience **if** a shopping center were constructed in my neighborhood.

8 ~를 하기 위해서라면 나는 -를 즐겁게 포기하겠다.
I would gladly give up - in order to 부정사

노인들을 돕기 위해서 라면 나는 내 시간의 일부를 즐겁게 포기하겠다.
I would gladly give up some of my time **in order to** help out the elderly.

9 ~할 기회가 내게 주어진다면, 나는 -를 하고 싶을 것이다.
If I had an opportunity to 부정사 (for 사람), I would want to 부정사

내 삶에 변화를 줄 수 있는 기회가 내게 주어진다면, 나는 일을 다르게 하고 싶을 것이다.
If I had an opportunity to relive my life, **I would want to** do things differently.
》 가정법 과거 : If + 주어 + 과거동사, 주어 + 조동사과거 + 동사원형

10 만일 나에게 ~을 하라고 한다면, 나는 -을 하겠다.
If I were asked to + 부정사, I would 동사원형-

만일 나에게 나 자신을 묘사하라고 한다면, 나는 평범한 대학생이라고 말하겠다.
If I were asked to describe myself, **I would** say I am the average college student.

11 만일 당신이 ~와 같은 종류의 사람이라면, -일 것이다.
If you are the kind of person who 동사, 주어 + 동사

만일 당신이 사람들을 돕기를 즐기는 종류의 사람이라면, 사회 사업의 직업이 너에게 맞을 것이다.
If you are the kind of person who enjoys helping people, a career in social work may be for you.

12 만일 ~가 없다면, -할 것이다.
If it were not for 명사, 주어 would 동사원형

만일 매일 숙제가 없다면, 학생들은 자신이 배운 모든 것을 잊어버릴 것이다.
If it were not for daily homework, students **would** forget everything they've learned.

13 ~면 좋겠다.
I wish 주어 + 동사의 과거형

내가 피아노 치는 법을 배우면 좋겠다.
I wish I learned how to play the piano.

14 ~라고 가정해보라.
Suppose 주어 + 동사의 과거형

내가 당신의 친구에게 데이트 신청을 한다고 가정해보라.
Suppose I were to ask your friend out on a date.
>> A에게 데이트 신청하다 : ask A out on a date

15 ~라고 가정해 보자.
Let's assume that 주어 + 동사

다른 행성에 생명체가 있다고 잠시 가정해 보자.
Let's assume for a moment **that** there is life on other planets.

16 나는 ~라고 생각한다.
I suppose 주어 + 동사

나는 내가 학교에 다닐 동안 파트 타임으로 일할 수 있을 것이라고 생각한다.
I suppose I could work part-time while I go to school.
>> I suppose는 I think, I believe 보다 '~라고 추측한다' 라는 의미에 가깝다.

17 아마도 ~일 것이다.
Presumably, 주어 + 동사

아마도, 그는 너무 바빠서 회의에 참석하지 못했을 것이다.
Presumably, he was too busy to attend the meeting.

18 십중팔구, ~일 것이다.
In all likelihood, 주어 + would/will + 동사원형

십중팔구, 그 영화의 개봉일 표는 매진될 것이다.
In all likelihood, tickets for the movie premiere **would** be sold out.
>> 매진되다 : be sold out

19 틀림없이 ~이다.
No doubt that 주어 + 동사

틀림없이 그는 일부러 너를 해치려고 했다.
No doubt that he purposely meant to hurt you.

20 ~라면 어떨까? / 어떻게 되었을까?
What if 주어 + 동사?

독일이 2차 세계대전에서 승리했다면 어떻게 되었을까?
What if Germany had won World War II?

21 ~와 무관하게, -이다.
Regardless of ~ , 주어 + 동사

이유와 무관하게 (어떤 이유에서건), 부모는 절대로 자신의 아이들을 때리지 말아야 한다.
Regardless of the reason, parents should never hit their children.

22 내 결정은 ~일 것이다.
My decision would be to 부정사 ~

내 결정은 지금 편안한 것보다 미래를 위해 검소하게 살고 돈을 아끼는 일일 것이다.
My decision would be to live frugally and save money for the future rather than be comfortable now.

23 대개, ~ 하는 것이 좋다.
As a rule, it would be good if 주어 + 동사

대개, 늘 최악의 경우에 대비하고 있는 것이 좋다.
As a rule, it would be good if you were always prepared for the worst case scenario.

24 나는 ~라는 증거를 찾을 수 없다.
I don't see any evidence that 주어 + 동사

나는 문제가 있다는 증거를 찾을 수 없다.
I don't see any evidence that there is a problem.

25 ~는 -인 경우에 직면할 수 있다.
주어 may come across a case when/where 주어 + 동사

너는 진실을 말하는 것이 불리할 수 있는 경우에 직면할 수 있다.
You **may come across a case when** telling the truth can be detrimental.

조건, 가정, 추측을 나타내는 표현

Hackers Writing Start

4일 Daily Check-up

① 아마도, 당신은 직장 경험이 있을 것이다.
　　＊직장 경험 : work experience

② 나는 내가 나의 의견을 설명해야 한다고 생각한다.

③ 십중팔구 소송(lawsuit)은 법정(court) 밖에서 해결될 것이다.
　　＊(분쟁 등이) 해결되다 : be settled

④ 내가 하와이에 살았으면 좋겠다.

⑤ 대개, 사람들이 정각에 나타나는 것이 좋다.
　　＊나타나다 : show up　　＊정각에, 제시간에 : on time

⑥ 당신이 살 날이 단지 6개월 밖에 남지 않았다고 가정해보라.

⑦ 그것이 나에게 달려 있다면, 나는 TV에서 방영되는 폭력적인 쇼를 금지할 것이다.
　　＊금지하다 : ban

⑧ 나는 지금 그러한 발명품(invention)이 설마 존재하지 않을 것이라는 전제하에 말하고 있다.

⑨ 세계의 인구가 현재의 속도로 계속 증가한다고 가정해 보자.
　　＊계속 ~하다 : keep ~ing　　＊~의 현재 속도로 : at one's current rate

⑩ 아이를 기를(raise) 때는 인내심이 가장 필요하다고 생각한다.
　＊기르다 : raise

⑪ 나는 네가 6개월 이내에 나에게 돈을 갚는다는 조건으로, 너에게 돈을 빌려줄 것이다.
　＊A에게 돈을 갚다 : pay A back　　＊빌려주다: loan

⑫ 네가 룸메이트와 살 경우 한 가지 이점은 더 싼 집세(rent)일 것이다.

⑬ 약간의 부가 수입을 벌기 위해서라면 나는 휴일을 즐겁게 포기하겠다.
　＊부가 수입 : extra income

⑭ 변호사는 그들의 고객이 유죄(guilty)라는 것을 아는 상황에 직면할 수 있다.

⑮ 세계의 어디든 갈 수 있는 기회가 내게 주어진다면, 나는 영국에 가고 싶을 것이다.

정답　p. 267

Hackers Writing Start — 4일 Daily Test

❶ 사업주의 유일한 목적이 이윤을 내는 것이라고 가정해 보자.
　＊ 이윤을 내다 : turn a profit

❷ 십중팔구, 나는 프랑스에 가는 것을 선택할 것이다.

❸ 당신이 공원도 없고 오락 시설도 없는 도시에서 산다고 가정해보라.
　＊ 오락 시설 : recreation centers

❹ 나라면, 학교를 위해 반을 더 작게 만들고 더 많은 선생님을 고용하겠다.

❺ 당신이 친구를 선택할 때는 친화성(compatibility)이 가장 요구되는 것이라 생각한다.

❻ 나의 결정은 르네상스 시기(Renaissance period) 동안의 유럽으로 돌아가는 일일 것이다.

❼ 내가 필름 여러 통을 갖고 있다는 조건 하에서 카메라를 가져갈 것이다.
　＊ 필름 여러 통 : many rolls of film

❽ 더 오래 살기 위해서라면 나는 정크 푸드를 즐겁게 포기하겠다.
　＊ 정크 푸드(고칼로리의 영양가없는 음식) : junk food

❾ 대체로 모든 사람은 하루에 한 시간씩 운동하는 것이 좋다.

⑩ 부모들은 십대 아이를 위해 결정을 해야 하는 경우에 직면할 수 있지만, 반드시 (그것에 대한) 설명이 주어져야 한다.

⑪ 유명한 운동 선수를 만날 기회가 내게 주어진다면, 나는 마이클 조던을 만나고 싶어할 것이다.

⑫ 만약에 당신이 안전을 중요시하는 사람이라면, 만일의 경우에 대비하여 돈을 저축해 둘 때 더 잘 살게 될 것이다.
  * 안전을 중요시하다 : value security   * 더 잘 살다 : be better off   * 만일의 경우에 대비하여 : for a rainy day

⑬ 책을 통해 배우는 것은 내가 어떤 특정한(particular) 주제(subject)에 대해 정말로 알고 싶어할 때 불충분할 수도 있다.

⑭ 만약에 내게 우리나라의 경치를 방문객에게 보여주라고 한다면, 나는 그를 제주도로 데려가겠다.
  * 경치 : the sights

⑮ 학교가 식당(cafeteria) 음식의 질을 향상시킬 경우, 한 가지 이점은 보다 건강한 학생들일 것이다.

정답 p. 268

[5일 ─── 예시, 인용을 나타내는 표현]

overview

음식을 준비하기가 전보다 더 쉬워졌다는 사실이 삶을 향상시켰는지를 묻는 topic에서, '연구 결과 인스턴트 푸드에는 염화나트륨이 많아서 고혈압을 유발할 수 있다는 사실이 지적되었다.' 라는 문장을 쓰려고 한다. 이때 **'연구 결과 ~라는 사실이 지적되었다.'** 라는 표현은 **'Studies have indicate that 주어 + 동사'** 라고 할 수 있다. 따라서 완성된 문장은 'Studies have indicate that there is much sodium chloride in instant food so it can cause high blood pressure.' 이 된다. 여기 5일에 배우는 예시, 인용을 나타내는 표현은 모든 유형의 topic에 유용하게 쓰인다.

1 ~를 설명하기 위해, -하다.
To illustrate ~, 주어 + 동사

이 장치가 어떻게 작동하는지 **설명하기 위해**, 실연을 보여주겠다.
To illustrate how the device works, a demonstration will be given.

2 특히, ~하다.
In particular, 주어 + 동사

특히, 첫 장은 매우 잘 쓰여졌다.
In particular, the first chapter was extremely well-written.

3 구체적으로, ~이다.
To be specific, 주어 + 동사

구체적으로, 나는 마케팅 부서의 일자리를 찾고 있다.
To be specific, I'm seeking a position in the marketing department.

4 나의 경험에 따르면, ~이다
From my experience, 주어 + 동사

나의 경험에 따르면, 그 음식점의 음식은 훌륭하다.
From my experience, the food at the restaurant is excellent.

5 예를 들면, ~이다.
For instance, 주어 + 동사

예를 들면, 여권 없이 해외 여행을 할 수는 없다.
For instance, one cannot travel overseas without a passport.

6 또 다른 예로, ~이다.
In another case, 주어 + 동사

또 다른 예로, 어떤 환자들은 병에 대한 자연적인 저항력을 키운다.
In another case, some patients developed a natural resistance to the disease.

7 무엇보다도, ~이다.
On top of that, 주어 + 동사

무엇보다도, 영업 사원이 할인과 더불어 무료 배송을 제공했다.
On top of that, the salesman offered free delivery with the discount.

8 이해를 돕자면 / 이해를 돕기 위해, ~이다
To give you an idea, 주어 + 동사

이해를 돕기 위해, 웹사이트에 견본 테스트가 있다.
To give you an idea, there is a sample test on the website.

9 ~이외에도, -이다.
Aside from ~ , 주어 + 동사

자유의 여신상 **이외에도**, 뉴욕은 초고층 빌딩들로 유명하다.
Aside from the Statue of Liberty, New York is famous for its skyscrapers.

10 이러한 예들로 ~를 알 수 있다.
I can see that 주어 + 동사 **in these instances.**

이러한 예들로 두 나라가 매우 비슷하다는 것을 알 수 있다.
I can see that the two countries are very similar **in these instances.**

11 ~의 방법을 보여줄 두 가지 예가 있다.
There are two examples to show how 주어 + 동사/to 부정사

그 문제가 해결될 수 있는 **방법을 보여줄 두 가지 예가 있다.**
There are two examples to show how the problem can be solved.

12 ~는 여러 가지 방법으로 분류될 수 있다.
주어 **can be classified in several ways.**

생태계의 종류는 여러 가지 방법으로 분류될 수 있다.
The types of ecosystems **can be classified in several ways.**

13 이제 ~를 설명해 보자.
Now, let's explain ~

이제 이 두 사업 모델의 차이점을 설명해 보자.
Now, let's explain the differences between these two business models.

14 ~는 말할 것도 없이 -이다.
주어 + 동사, not to mention ~

아침에 더 빠른 것은 말할 것도 없이, 지하철을 타는 것은 택시보다 더 싸다.
Taking the subway is cheaper than a taxi, **not to mention** faster in the morning.

15 그것뿐만이 아니라, ~이다.
Not only that, but 주어 + 동사

그것뿐만 아니라, 디지털 카메라는 네가 이메일을 통해 즉석에서 사진을 공유할 수 있게 해 준다.
Not only that, but digital cameras allow you to share pictures instantly, via email.

16 ~일 것이고, 그렇지 않으면 -일 것이다.
주어 + 동사 or else 주어 + 동사

비가 올 것이고, 그렇지 않으면 우리는 바다에 갈 것이다.
It will be raining, **or else** we will go to sea.

17 연구 결과 ~라는 사실이 지적되었다.
Studies have indicated that 주어 + 동사

연구 결과 일반 성인은 적어도 하루에 8시간의 수면이 필요하다는 사실이 지적되었다.
Studies have indicated that the average adult needs at least eight hours of sleep a night.

18 전문가들은 ~를 증명할 것이다 / 증명할 수도 있다.
Experts would verify that 주어 + 동사

전문가들은 그 그림이 진품임을 증명할 것이다.
Experts would verify that the painting is authentic.

19 어떤 사람들은 ~라고 여긴다 / 생각한다.
Some people presume that 주어 + 동사

어떤 사람들은 모든 계약이 서면으로 이루어져야 한다고 생각한다.
Some people presume that all contracts must be in writing.

20 누구나 예상할 수 있듯이, ~이다.
As one might expect, 주어 + 동사

누구나 예상할 수 있듯이, 소매점은 크리스마스 휴일 동안 가장 많은 판매 수익을 올린다.
As one might expect, retail stores generate the most sales revenue during the Christmas holidays.

21 옛 속담이 말해주듯, ~이다.
As the old saying goes, 주어 + 동사

옛 속담이 말해주듯, 궁한 사람은 가리지 않는다.
As the old saying goes, beggars can't be choosers.

22 대다수의 ~는 -에 동의하는 것 같다.
The majority of 사람 seems to agree that 주어 + 동사

대다수의 대중들은 운전 중에 휴대폰의 사용이 금지되어야 한다는 데 동의하는 것 같다.
The majority of the public **seems to agree that** the use of cellular phones should be prohibited while driving.

23 ~의 가장 큰 이유 중 하나는 -이다.
One of the biggest reasons of ~ is -

이민의 가장 큰 이유 중 하나는 경제적 기회이다.
One of the biggest reasons of immigration **is** economic opportunity.

[**Hackers Writing Start**   **5일 Daily Check-up**]

① 이해를 돕자면, 이것이 오렌지의 크기이다.

② 그것뿐만 아니라, 그 회사는 생산품(products)의 높은 질로 유명하다.
   * ~로 유명하다 : be known for ~

③ 이제 재활용을 하는 것이 중요한 이유를 설명해 보자.
   * 재활용하다 : recycle

④ 특히, 당신이 지금 가진 것에 만족하는 것이 더 낫다.

⑤ 나의 요지를 설명하기 위해, 여기 간단한 예가 있다.

⑥ 무엇보다도, 속도 위반 딱지를 뗀 후 교통 사고가 났다.
   * 교통 사고가 나다 : get into a car accident   * 속도 위반 딱지를 떼다 : receive the speeding ticket

⑦ 예를 들면, 말들은 최초의 교통 수단이었다.
   * 최초의 교통수단 : primary means of transportation

⑧ 구체적으로, 그 회사가 성공한 데는 두 가지 주요한 이유가 있다.

⑨ 또 다른 예로, 탄원(petition)이 도시 공원(city park)을 살리는 것을 도왔다.

⑩ 내 경험에 따르면, 진실이 허구보다 더 이상할 수도 있다.

⑪ 위험한 것은 말할 것도 없고, 과속(speeding)은 불법이다.
  * 불법의 : illegal

⑫ 연구 결과에 따르면 규칙적인 운동은 심장 마비의 위험을 감소시킬 수 있다.
  * 심장 마비 : heart attack

⑬ 옛 속담이 말해주듯, 책 표지로 책을 판단할 수는 없다.

⑭ 투자는 여러 가지 방법으로 분류될 수 있다.

⑮ 이력서(résumé)를 작성하는 방법을 너에게 보여줄 두 가지 예가 있다.

Hackers Writing Start [5일 Daily Test]

❶ 예를 들면, 내가 가장 아끼는 재산은 부모님이 내 16살 생일에 주신 목걸이(necklace)이다.
    * 내가 가장 아끼는 재산 : my most treasured possession

❷ 또 다른 예로, 한 연구는 모든 선진국에서 식자율이 거의 100%라는 것을 보여주었다.
    * 식자율 : literacy rate   * 선진국 : developed countries

❸ 구체적으로, 나는 체육관에 가고, 테니스를 친다.

❹ 이제 일부 사람들이 그런 극단적인 스포츠에 매료되는 이유를 설명해보자.
    * ~에 매료되다 : be attracted to~   * 극단적인 스포츠 : extreme sports

❺ 내 경험에 따르면, 외모는 종종 기만적(deceiving) 일 수 있다.

❻ 무엇보다도, 학생들은 외국에서 공부할 때 스스로 결정을 내리는 데 완전히 자유롭다.
    * 결정을 내리다 : make a decision

❼ 특히, 사람들은 방문하고 있는 지역의 역사와 문화에 대해 알아보기 위해 박물관에 자주 간다.

❽ 옛 속담이 말해주듯, 행동이 언어보다 크게 말한다. [의미를 더욱 분명히 전달한다]

❾ 의약적 용도 이외에, 알로에 베라는 화장품(cosmetics)과 로션에도 사용된다.
    * 의약적 용도 : medicinal uses   * 알로에 베라 : aloe vera

❿ 재미있는(entertaining) 건 말할 것도 없고, 게임은 교육적일 수 있다.

⓫ 전문가들은 인간의 활동이 지구의 많은 천연 자원들을 고갈시켜왔음을 증명할 것이다.
　　＊ 지구의 많은 천연 자원들을 고갈시키다 : deplete the Earth of much of its natural resources

⓬ 몇몇 사람들은 돈이 일에 대한 유일한 동기(motivation)라고 여긴다.

⓭ 대다수의 사람들은 텔레비전과 영화가 행동에 영향을 줄 수 있다는 데 동의하는 것 같다.
　　＊ 행동에 영향을 주다 : influence behavior

⓮ 누구나 예상하듯이, 컴퓨터는 학생들이 정보를 이용하고 조사하는 방법을 완전히 바꾸어 놓았다.
　　＊ (컴퓨터로 정보 등을)이용하다 : access

⓯ 연구 결과에 따르면 간접 흡연에 노출된 사람들은 흡연자 본인들보다도 암에 걸릴 더 큰 위험에 놓여있는 것으로 지적되었다.
　　＊ ~에 노출되다 : be exposed to ~　　＊ 간접 흡연 : secondhand smoke　　＊ ~의 위험에 놓여있다 : be at a risk of ~

정답 p. 268

[6일 — 부연 설명, 요약을 나타내는 표현]

overview

정부가 도로를 향상시키는데 돈을 더 써야 하는지, 아니면 공공 운송 수단을 향상시키는데 돈을 더 써야 하는지를 묻는 topic이 있다. '모든 것을 고려해 보면, 정부는 공공 운송 수단을 향상시키는데 돈을 더 써야 한다.'라는 문장을 결론 부분에 쓴다고 해보자. **'모든 것을 고려해 보면, ~이다'** 라는 표현은 **'All things considered, 주어 + 동사'** 이므로 나머지만 채워 넣으면 된다. 완성된 문장은 'All things considered, governments should spend more money on improving public transportation.' 이 된다. 6일의 부연 설명이나 요약을 나타내는 표현들은 topic 유형에 관계 없이 쓸 수 있는데, 특히 결론 부분에 유용하게 사용할 수 있다.

1 다시 말해서, ~이다.
In other words, 주어 + 동사

다시 말해서, 다른 선택 사항이 없다.
In other words, there are no other options.

2 게다가, ~이다.
Moreover, 주어 + 동사 / In addition, 주어 + 동사

게다가, 나는 산업에서의 경험도 있고, 다른 사람들과 함께 일을 잘 한다.
Moreover, I have experience in the industry and work well with others.

3 이런 식으로, ~되다.
In this way, 주어 + 동사

이런 식으로, 새로운 모델은 이전 모델보다 훨씬 향상되었다.
In this way, the new model is much improved over its predecessor.

4 일반적으로 말해서, ~이다.
Generally speaking, 주어 + 동사

일반적으로 말해서, 어떤 악기를 완벽하게 다루는 데는 몇 년이 걸린다.
Generally speaking, it takes years to master a musical instrument.

5 우리가 알고 있는 것처럼(아시다시피), ~이다.
As we have seen, 주어 + 동사

우리가 알고 있는 것처럼, 한 사람이 사회에 큰 영향을 미칠 수 있다.
As we have seen, one person can have a great effect on society.
》 ~에 영향을 미치다 : have an effect on ~

6 실제로, ~이다.
As it is, 주어 + 동사

실제로, 나는 친구를 만날 충분한 시간이 거의 없다.
As it is, I barely have enough time to see my friends.

7 어느 정도까지는, ~이다.
To some extent, 주어 + 동사

어느 정도까지는, 대학의 현 재정 문제를 피할 수 있었다.
To some extent, the university's current financial problems could have been avoided.

8 당신이 알 수 있듯이, ~이다.
As you can see, 주어 + 동사

당신이 알 수 있듯이, 회사는 다가올 회계 년도에 대해 예산 감축을 해야 할 것이다.
As you can see, the company will have to make budget cuts for the upcoming fiscal year.

9 짧게 말해서, ~이다.
In short, 주어 + 동사

짧게 말해서, 광고는 고객을 유치하고 매출을 높이는데 이용된다.
In short, advertising is used to attract customers and boost sales.

10 간단하게 말해서, ~이다.
Putting it succinctly, 주어 + 동사 / In a nutshell, 주어 + 동사

간단하게 말해서, 나의 룸메이트는 그의 집세를 내거나 이사 가야 한다.
Putting it succinctly, my roommate needs to pay his rent or move out.

11 ~를 고려하여 / ~때문에, ~이다
In view of ~ , 주어 + 동사

최근의 폭력 행위들 때문에 스포츠 경기에서의 보안이 강화되었다.
In view of the recent acts of violence, security has been increased at sporting events.

12 ~이외에도, 역시 -한다.
In addition to ~ , 주어 + also + 동사

전화 이외에도, 예약은 인터넷을 통해서도 **역시** 할 수 있다.
In addition to the phone, reservations can **also** be made over the Internet.

13 ~에 관한 한, -이다.
As far as 주어 be concerned, 주어 + 동사

나에 관한 한, 선택을 내리기는 쉽다.
As far as I am concerned, the choice is easy to make.

14 내가 언급했던 바와 같이, ~이다.
As I have noticed, 주어 + 동사

내가 언급했던 바와 같이, 좋은 식단과 건강 사이에는 분명한 관계가 있다.
As I have noticed, there is a definite relationship between a balanced diet and good health.

15 대체로, ~이다.
On the whole, 주어 + 동사

대체로, 나는 사람들이 선하다고 믿는다.
On the whole, I believe people are good.

16 결론적으로, ~이다.
In conclusion, 주어 + 동사

결론적으로, 한국 경제는 수출입의 성장과 밀접한 관련을 지닌다.
In conclusion, Korea's economy is closely related to the growth of its imports and exports.

17 전반적으로(종합적으로), ~이다.
Overall, 주어 + 동사

전반적으로, 나는 그 영화를 추천하겠다.
Overall, I would recommend the movie.

18 대체적으로, ~이다.
For the most part, 주어 + 동사

대체적으로, 양당은 그 합의에 만족했다.
For the most part, both parties were satisfied with the agreement.

19 요약하자면, ~이다.
To summarize, 주어 + 동사

요약하자면, 카지노는 경제에 상당히 필요한 일자리를 가져다 줄 것이고 관광객들을 우리 나라에 유치할 것이다.
To summarize, a casino would bring in much needed jobs to the economy and attract tourists to our country.

20 모든 것을 고려해 보면, ~이다.
All things considered, 주어 + 동사

모든 것을 고려해 보면, 시내가 스포츠 경기장을 짓는 데 최적지가 되겠다.
All things considered, downtown would be the best location for a sports stadium.

21 마지막으로 중요한 것은, ~이다.
Last but not least, 주어 + 동사

마지막으로 중요한 것은, 너 자신이 즐기는 것이다.
Last but not least, enjoy yourself.

Hackers Writing Start

6일 Daily Check-up

① 우리가 과거에 목격했던 것처럼, 전쟁은 누구에게도 이롭지 않다.
　＊ 이롭다, 이익이 되다 : benefit

② 다시 말해서, 우리는 어려움에 처해 있다.

③ 대체적으로, 나는 내 직업에 만족한다.

④ 이런 식으로, 과학자들은 그 병에 대한 치료법(cure)을 발견할 수 있었다.

⑤ 게다가, 이런 종류의 수술(surgery)에는 위험이 따른다.
　＊ ~에는 위험이 따른다 : there are risks involved with ~

⑥ 일반적으로 말해서, 대학을 마치는데는 4년이 걸린다.

⑦ 짧게 말해서, 나는 세계사에 관심 있는 누구에게나 이 책을 권할 것이다.
　＊ 세계사 : world history

⑧ 어느 정도까지는, 그의 입장(position)에 동의한다.

⑨ 그 증거를 고려하여, 판사는 피고(defendant)의 항소(appeal)를 인정했다.
　＊ 인정하다, 승인하다 : grant

⑩ 등록금(tuition) 이외에, 대학생들은 숙식비도 지불해야만 한다.
  * 숙식 : room and board   * ~의 비용을 지불하다 : pay for ~

⑪ 간단하게 말해서, 교육 체계는 변화가 필요하다.
  * 교육 체계 : educational system

⑫ 당신이 알 수 있듯이, 패스트푸드를 지나치게 많이 먹는 것은 몸에 좋지 않다.

⑬ 내가 언급했던 바와 같이, 점점 더 많은 사람들이 쇼핑을 하기 위해 온라인으로 접속한다.
  * 온라인으로 접속하다 : go online

⑭ 대체로 주최자들(organizers)은 그 행사가 순조롭게 진행되었다고 생각했다.
  * 순조롭게 진행되다 : go smoothly

⑮ 요약하자면, 뼈를 건강하게 유지하는 최고의 방법은 규칙적으로 운동하고 많은 양의 우유를 마시는 것이다.
  * A를 ~의 상태로 유지하다 : keep A ~ (~자리에 들어가는 것은 명사, 형용사, 부사)   * 많은 양의 ~ : plenty of ~

정답 p. 268

Hackers Writing Start [**6일 Daily Test**]

❶ 대체로, 새로운 대학은 지역 사회에 매우 이로울 것이다.
　　＊ 매우 이로운 : quite beneficial

❷ 실제로, 컴퓨터 기술을 개발하는 회사들이 충분하고도 남을 만큼 있다.
　　＊ 충분하고도 남을 만큼의 ~ : more than enough ~

❸ 게다가, 역사는 종종 반복되며, 다가올 일에 대한 지표이다.
　　＊ 다가올 일에 대한 지표 : an indicator of things to come

❹ 대체로, 신뢰감을 주는 사람은 가장 좋은 친구들을 사귀는 경향이 있다.
　　＊ 신뢰감을 주는 사람 : people who are reliable　　＊ ~하는 경향이 있다. : tend to 부정사

❺ 요약하면, 대화하고 먹기 위해 가족을 한데 모아 주기 때문에 주방이 집에서 가장 중요한 방이라고 생각한다.
　　＊ A를 한데 모으다 : bring A together　　＊ 대화하다, 의사소통하다 : communicate

❻ 아시다시피, 유명 인사들은 종종 무분별하고(ill-advised) 충분한 지식이 없는(uninformed) 것들을 이야기한다.　　＊ 유명 인사들 : celebrities

❼ 이처럼 직접 불평하는 것이 서면으로 된 불만사항 보다 훨씬 더 효과적이다.
　　＊ 직접 : in person　　＊ 서면으로 된 불만사항 : a written complaint

❽ 내가 언급했던 바와 같이, 믿을 만한(reliable) 친구들은 얻기 어렵다.
　　＊ 얻다 : come by

❾ 친구에 관한 한, 가장 중요한 것은 비슷한 유머 감각을 갖는 것이다.

❿ 모든 것을 고려해 보면, 나는 뚜렷한(distinct) 사계절을 갖고 있는 기후에서 사는 것이 더 좋다.

⓫ 대체적으로, 집 근처에 새로운 쇼핑 센터가 들어서는 것은 좋은 생각이지만, 우리는 부정적 효과도 인지해야 한다.   * ~을 알다, 인지하다 : be aware of ~   * 부정적 효과 : negatives

⓬ 간단하게 말하자면, 나는 아침 일찍 일어나 늦은 오후에 일을 마치는 것이 더 좋다.

⓭ 마지막으로 중요한 것은, 평생 고용은 생산성(productivity)을 떨어뜨린다.
　* 평생 고용 : lifetime employment   * 떨어뜨리다 : discourage

⓮ 요약하자면, 집을 구입하는 것이 재정적으로 더 안전할 것이고, 또한 식구들에게도 더 이로울 것이다.
　* 재정적으로 더 안전할 것이다 : would be safer financially   * ~에게 이롭다 : be beneficial for ~

⓯ 어느 정도는 고등 학생들이 그들 자신의 진로를 선택할 수 있어야 한다.
　* 자신의 진로를 선택하다 : choose one's own courses

Hackers Writing Start

❶ 나는 내 룸메이트를 지정 받는 것 보다 고르는 것을 좋아한다.
  ＊ ~을 지정 받다, 배당 받다 : be assigned~

❷ 내 생각에, 당신은 결코 친구로부터 돈을 빌려서는 안된다.

❸ 일반적으로 인정되는 바와 같이, 지역 사회에 대학이 위치하는 것에는 단점이 있다.
  ＊ A가 ~되다, ~당하다 : have A 과거 분사

❹ 반대로, 노력을 가치 있게 평가하지 않는 사람들은 더 실패하기 쉽다.
  ＊ 더 ~하기 쉽다 : be more likely to~

❺ 그 결과로, 읽고 쓸 줄 아는 능력은 어느 때 보다 더 중요하다.
  ＊ 읽고 쓸 줄 아는 능력 : literacy   ＊ 어느 때 보다 더 ~하다 : more ~ than ever

❻ 과학 기술이 우리들의 삶을 더 쉽게 만들었다는 것에는 의문의 여지가 없다.

❼ 만일 그것이 나에게 달려 있다면, 나는 카페테리아 음식의 질을 향상시키는 데 돈을 쓸 것이다.

❽ 어떤 사람들은 어린 시절이 개인의 삶에서 가장 중요한 시기라고 생각하지만, 나는 몇몇 이유로 이러한 생각에 반대한다.

❾ 옛 속담이 말해주듯, 아는 것이 힘이다.

2nd week Review Test

⑩ 이해를 돕자면, 평균적인 사람은 하루에 300리터의 물을 사용한다.

⑪ 모든 것을 고려해 보면, 아이들은 자신들의 교육을 가능한 한 빨리 시작해야 한다.
   * 가능한 한 빨리 : as soon as possible

⑫ 이러한 이유들로, 나는 대학생들에게 출석(attendance)은 선택적이어야 한다고 생각한다.

⑬ 내 경험에 따르면, 우리들의 삶에서 가장 힘든(trying) 시기들이 가장 가치 있다.

⑭ 당신의 하루를 시작하는 좋은 방법은 건강에 좋은(healthy) 아침을 먹는 것이다.

⑮ 연구 결과 자동차 배기 가스 때문에 지구의 기후가 더 따뜻해지고 있다는 사실이 지적되었다.
   * 자동차 배기 가스 : car emissions

정답 p. 269

실수 클리닉 2

Hackers Writing Start

전치사를 쓸 때

1 동사구에 정확한 전치사

동사구마다 짝을 이루어 같이 쓰이는 전치사가 있습니다. take advantage는 of와 같이 쓰이고 (~를 이용하다), object는 to와 함께 쓰입니다 (~에 반대하다).
It's really hard to keep up _____ Professor Johnson's biology class.
keep up 뒤에 with가 없으면 Johnson 교수의 생물학 수업이라는 목적어가 뒤따를 수 없습니다.
⇨ keep up with + 명사: ~와 맞추다, ~에 뒤떨어지지 않다

정답 | with

2 전치사가 포함된 관용적인 부사구

많은 학생들이 간단한 부사구에서도 전치사를 정확하게 쓰지 못합니다.
I promise this is my last smoke ___ public.
'대중 앞에서, 사람들이 있는 데서' 라는 의미의 부사구는 in public입니다. in 대신, with나 on 등 전치사를 대충 쓰려고 하지 말고, 숙어로서 정확한 전치사가 포함된 표현을 평소에 외워 두세요.

정답 | in

3 for + 동명사

What's your secret _____ staying in such good shape?
여기에서 staying을 분사로 여기고 secret을 수식하는 용법이라 혼동할 수가 있습니다. 명사 + ~ing 표현을 쓸 때는, 전치사가 중간에 필요한 지, 전치사 없이 현재분사의 후치 수식 용법으로 쓰였는지 구분합니다. secret이 staying하는 것이 아니므로 현재분사를 쓰지 못합니다. 여기에서는 '그처럼 건강을 유지하기 위한, 유지하도록 해주는 비결' 이라는 의미가 되므로, 용도나 목적을 나타내는 for가 필요한 표현입니다.

정답 | for

Hackers Writing Start

3rd week

[주제별 필수 표현]

Introduction

1일		청소년, 대학 생활, 교육
2일		가정 생활, 공동체 생활, 사회, 국가
3일		건강, 질병, 자연 환경, 생활 환경
4일		생활 방식, 사고 방식
5일		문화, 예술, 과학, 기술
6일		직업, 돈, 사업, 경제

Review Test

실수 클리닉 3

INTRO 3rd week 주제별 필수 표현

문장 쓰기의 문법적인 문제도 풀렸고, 유형별 표현도 공부했으니, 실전 에세이 연습으로 들어가기 전에 배울 것은 하나만 남았다. 바로 개별 아이디어를 나타낼 수 있는 표현들이다. 3주에서는 세부적인 아이디어를 적절하게 나타낼 수 있는 표현들을 topic의 주제별로 즉, 청소년, 사회, 환경, 생활 방식, 문화, 경제 등으로 묶어 배운다. 이는 내용상으로 볼 때 문장의 가장 세부적인 부분을 구성하는 것으로서 우리말과 다른 영어의 뉘앙스를 표현하는 데 특히 도움을 준다.

1. 주제별 표현 학습의 중요성

주제별 표현이란 구체적인 아이디어를 나타낼 때 쓰이는 개별 단어나 연속된 단어 표현을 의미한다. 3주에서는 topic이 다루는 내용을 주제별로 분류해서 해당 topic으로 에세이를 작성했을 때 나올 수 있는 표현들을 모아 놓았다. 이는 대부분이 collocation(낱말의 배치, 연어 관계)이라고 불리는 연속된 단어 표현으로 우발적 또는 습관적으로 함께 쓰이는 특정한 단어군이다. idiom(숙어)도 여기에 포함된다. 주제별 표현들을 잘 익힘으로써 어휘력 부족으로 표현의 한계가 생기는 문제를 해결할 수 있는 동시에, 우리말과 영어를 일대일로 대응해서 글을 쓰는 경우에 생기는 콩글리쉬 사용의 문제를 극복할 수 있다. 3주에서는 이러한 표현들을 주제별로 묶어 제시함으로써 어떤 topic을 만나더라도 아이디어 작성시 어려움을 겪지 않도록 한다.

Ex totally different
   perfectly different

위의 두 개의 표현 중 두 번째 표현은 사용되지 않는다. perfectly 다음에는 보통 긍정적인 표현이 나오고, 그렇지 않더라도 perfectly는 different와 함께 쓰이지 않기 때문이다. 이러한 사실을 모른 채 우리말의 '완벽히 다른'이라는 표현만 생각하고, 일대일로 대응해서 쓰면 틀리게 된다.

Ex long-lasting beauty
   long-continuing beauty

라는 두 개의 표현 중 역시 두 번째 표현은 사용되지 않는다. 여기서 continue는 last와 마찬가지로 '지속되다'라는 뜻을 지닌 자동사이지만, 분사형으로는 쓰이지 않는다.

이러한 짝을 이루는 표현들은 논리적으로 이해하기보다는 외워야 하는 경우가 많고, 영어 독해나 청취로 어느 정도 학습이 가능하다. 하지만, 에세이를 위한 표현은 따로 익힐 필요가 있다. 따라서 3주에서는 에세이에 등장하는 표현만을 뽑아서 공부하고, 문장 쓰기에 적용해 본다.

2. topic에 적용시켜본 주제별 표현

특정 topic이 출제되었을 때 사용할 수 있는 주제별 표현들을 표로 나타내 보았다. 본문의 표현들을 잘 학습해 둔다면 어떤 topic이 출제되더라도 적절한 표현을 이용해서 에세이를 쓸 수 있을 것이다.

주제	주제에 해당하는 topic의 예	사용 가능한 주제별 표현	
1일 청소년, 대학 생활, 교육	[선호형] 대학에서 학생들이 수업에 출석하는 것이 강제적이어야 하는지, 선택적이어야 하는지 둘 중에서 한 가지 입장을 고르고 그 이유를 서술한다.	수업 참여 자유 출석 강제 출석 공부를 따라 잡다 좋은 성적을 받다	class attendance optional attendance compulsory attendance catch up academically get good grades
2일 가정 생활, 공동체 생활, 사회, 국가	[비교 대조형] 자신의 지역사회에 대학이 지어지는 것의 장점과 단점을 구체적인 예를 들어 비교한다.	지역 사회의 번영 더 젊은 세대 외지 사람 사생활을 침해하다 활기찬 주변 환경을 만들다	community's prosperity younger generation out-of-towners invade one's privacy create a vibrant neighborhood
3일 건강, 질병, 자연 환경, 생활 환경	[선호형] 노점이나 식당에서 먹는 것을 더 좋아하는 사람이 있고, 집에서 식사를 준비해서 먹는 것을 더 좋아하는 사람이 있다. 자신은 어느 쪽인지를 밝히고 그 이유를 서술한다.	식품 첨가물 균형 잡힌 식단 식중독 지방 함유와 열량이 높은 필요한 영양소가 결여되다	food additive well-balanced diet food poisoning high in fat and calories lack necessary nutrients
4일 생활 방식, 사고 방식	[의견 제시형] 좋은 상사가 가지는 중요한 자질들에 대해 생각해 보고, 몇 가지 자질을 들어 설명하되 그것이 중요한 이유를 구체적인 예와 함께 제시한다.	책임감 근면성 침착을 유지하다 장기적 관점을 가진 지도자 상황에 대한 더 나은 이해	a sense of responsibility diligence keep one's composure far-sighted leader better understanding of the situation
5일 문화, 예술, 과학, 기술	[찬반형] 연극이나 콘서트, 스포츠 행사 등을 라이브 공연에 참가해서 즐기는 것이 텔레비전으로 보는 것 보다 즐겁다는 진술에 동의하는 지 반대하는 지를 정하고 그 이유를 구체적인 예를 들어 설명한다.	콘서트를 열다 복장 규칙 시간이 드는 과정 텔레비전광 여가 활동	give a concert dress code time-consuming process a television fanatic free time activities
6일 직업, 돈, 사업, 경제	[찬반형] 기업은 직원을 평생 동안 고용해야 한다는 진술에 동의하는 지 반대하는 지 자신의 입장을 밝히고 구체적인 이유를 예를 들어 설명한다.	유연성 불경기 기업 규모 축소, 직원 감축 일에 대한 헌신 성과에 기반한 급여 체계 근속 연수에 기반한 급여 체계	flexibility slow economy company downsize commitment to a job performance-based pay system seniority-based pay system

Hackers Writing Start

[1일 — 청소년, 대학생활, 교육]

overview
1일에서는 청소년과 대학 생활, 교육에 관한 에세이를 쓸 때 필요한 표현들을 배운다.

---

1 **청소년 문화** youth culture

매 세대의 **청소년 문화**는 주류 사회에 동화되어 있는 속어들을 발달시킨다.
Each generation of **youth culture** develops slang words that are assimilated into mainstream society.
  ≫ 주류사회 : mainstream society

2 **또래나 동료 간의 요구, 압박** peer pressure

많은 십대들은 인정을 받기 위해 **또래의 압박**에 굴한다.
Many teens give in to **peer pressure** in order to gain acceptance.
  ≫ 인정, 용인 : acceptance
  ≫ ~에 굴복하다, 따르다 : give in to ~

3 **장래성 있는 젊은이, 전도유망한 젊은이** promising youth

위원회는 가장 **전도유망한 젊은이**들을 선택해서 그 나라의 수도로 여행을 보냈다.
The committee selected the most **promising youth** and sent them on a trip to the nation's capital.

4 **젊은이들을 위해 만들어진, 젊은이들 취향의** youth-oriented

젊은이들 취향의 잡지들은 광고주들이 자신들의 상품의 판매를 촉진하는 데 인기 있는 곳이다.
Youth-oriented magazines are a popular place for advertisers to promote their products.

5 청소년 범죄 juvenile delinquency

학교는 **청소년 범죄**를 예방하기 위해서 위험에 처한 십대들을 목적으로 해야 한다.
Schools must target at-risk teenagers in order to prevent **juvenile delinquency**.
>> 목표로 삼다 : target
>> 위험에 처한, 위험한 상태의 : at-risk

6 잘 교육 받은 사람 well-educated person

잘 교육 받은 사람은 대개 문화와 예술에 대해 깊은 이해를 지닐 것이다.
A **well-educated person** will often have a deep appreciation for culture and the arts.
>> 이해, 인식, 진가를 앎 : appreciation

7 인격 발달 personality development

환경과 가족은 아동의 **인격 발달**에 중요한 역할을 한다.
Environment and family play important roles in a child's **personality development**.

8 제멋대로인 십대들 unruly teenagers

그 **제멋대로인 십대들**의 무리는 학교 재산을 고의적으로 파괴하는 것으로 악명이 높았다.
The group of **unruly teenagers** was notorious for vandalizing school property.
>> ~로 악명이 높다 : be notorious for
>> 고의적으로 파괴하다 : vandalize

9 동아리 모임 club meetings

대부분의 우리 경영 **동아리 모임**은 발언자들이 금융과 마케팅의 다양한 면을 논의하는 것을 특색으로 한다.
Most of our business **club meetings** feature speakers discussing various aspects of finance and marketing.
>> ~를 특색으로 하다 : feature ~

10 과외 활동 extracurricular activities

대학은 예비 신입생을 평가할 때 학업 성과와 **과외 활동**을 주요 기준으로 검토한다.
Colleges look at academic performance and **extracurricular activities** as the main criteria when evaluating prospective students.
>> academic performance : 학업 성과
>> main criteria : 주요 기준
>> prospective : 장래의, 유망한

11 대입 시험   college entrance exam

대입 시험 점수를 높이기 위해 일반적으로 입시 준비 과정이 이용된다.
Prep courses are commonly used to raise **college entrance exam** scores.

12 대학 입학 허가   university admission

대학 입학 허가 요구 조건은 보통 공립 학교보다 사립 학교가 훨씬 더 엄격하다.
University admission requirements are usually much stricter at private colleges than publicly-funded schools.
  》 요구 조건, 필요 조건 : requirements
  》 공립 학교 : publicly-funded schools

13 캠퍼스를 벗어난 생활   off-campus life

대다수의 상급생들은 실제 사회에 대한 준비로 캠퍼스를 벗어난 생활을 선택한다.
A majority of upper-classmen chooses **off-campus life** in preparation for the real world.
  》 대다수의 ~ : a majority of ~
  》 ~에 대한 준비로 : in preparation for ~

14 학습 과정   learning process

제 2언어를 배우는 것은 그것을 완성하기 위해 연습하는 데 종종 수 년씩 걸리는 느린 학습 과정일 수 있다.
Picking up a second language can be a slow **learning process** that often takes years of practice to master.
  》 배우다 : pick up

15 고등교육을 추구하다   pursue a higher education

금전적인 도움과 장학금은 가난한 집안의 학생들이 고등교육을 추구할 수 있게 해 준다.
Financial aid and scholarships allow students from poor backgrounds to **pursue a higher education**.
  》 가난한 집안의 학생들 : students from poor backgrounds

16 팀을 이루어 공부하다 / 일하다   work in teams

만일 업무가 혼자 하기에 너무 많다면, 팀을 이루어 일하고 업무량을 분배하는 것이 더 낫다.
If a task is too big for one person, it is better to **work in teams** and distribute the workload.
  》 업무량을 분배하다 : distribute the workload

17 인성을 함양하다　build strong character

보이 스카우트와 같은 조직은 **인성을 함양**하고 리더쉽을 기르는데 도움이 된다.
Organizations, like the Boy Scouts, help **build strong character** and leadership skills.

18 ~의 능력을 키우다　foster one's ability

로스쿨은 내가 문제의 양면을 보는 **능력을 키워** 주었다.
Law school has **fostered my ability** to see both sides of an issue.

19 어른이 되는 것, 어른으로 성장하는　growing into adulthood

수염과 굵어지는 목소리는 **어른이 되는 것**과 관계된 몇 가지 신체적 변화들이다.
Facial hair and a deepening voice are some physical changes associated with **growing into adulthood**.

>> ~와 관계된 : associated with ~

청소년, 대학생활, 교육

[청소년, 대학생활, 교육] 표현 모음

또래 집단	peer group
또래와 교류하다	interact with peers
한 사람의 어린 시절	a person's childhood years
십대가 되다	enter one's teens / reach one's teens
유년기라는 인격 형성기	the formative years of childhood
인격의 형성	the formation of character
성숙 과정	maturation process
인생에서 가장 중요한 시기	the most important stage in one's life
어리기 때문에 저지르는 실수	youthful mistake
어린 시절의 나쁜 기억	negative memories of childhood
인격 발달	personality development
이성	the opposite sex
외국 학생	foreign student
잠재력	potential capability
대학 1학년	college freshman
숙제	homework assignment
체육	physical education
적성 검사	aptitude test
수업 참여	class attendance
자유 출석	optional attendance
강제 출석	compulsory attendance
수업 시간표	class schedule
수업 능률	teaching efficiency
참고서	reference book
강의 요강	course syllabus
학점	course credit
학위	academic degree
학적	academic record
지도 교수	academic advisor
학습 프로그램	academic programs
엄격한 학문 과정	stringent academic curriculum

입학 지원자	candidate for admission
지원서	application form
입학 요건	requirements for admission
입학 허가 과정	admission process
청강	auditing classes
대학 졸업식	commencement ceremony
동창회	alumni association
초등교육	elementary education
중등교육 (중·고등학교)	secondary education
교환 학생	exchange student
예비 교육, 오리엔테이션	information sessions / orientation
그룹 과제	group assignment
그룹 활동	group activities
남녀 공학	co-ed school ↔ single-sex school
학군, 통학 지역	school district
학교 폭력	school violence
야외 활동	outdoor activities
학교 교육	formal schooling
가정 교육 (홈스쿨링)	home schooling
외국어 수업을 듣다	take foreign language classes
질 높은 교육	quality education
교육적인 효과	educational benefit
교육을 받지 못한	educationally deprived
전인 교육	a well-rounded education
공부를 따라 잡다	catch up academically
~의 머리를 빌리다 (~에게 물어보다)	pick one's brain
지식을 공유하다	share ideas
선별된 학습 분야	selected field of study
좋은 성적을 가진 대학 졸업생	college graduates with high grades
학습 곡선	learning curve
성적표	report card

청소년, 대학생활, 교육

[청소년, 대학생활, 교육] 표현 모음

좋은 성적을 받다	get good grades
시험에서 컨닝하다	cheating on tests
나쁜 성적을 받다	get poor marks
해외에서 공부하다	study abroad
심화 학습을 하다	go on to further study
지적 견고함	intellectual rigor
실험하다	do experiments
공부를 열심히 하도록 강요 받는	obliged to study hard
지식을 갈망하다	crave for knowledge
~를 전공하다	specialize in ~
가치 있는 능력을 배우다	learn valuable skills
학습을 흥미롭게 만들다	make learning interesting
수업 중 토론	class discussions
개별적인 관심	individualized attention
심한 경쟁	heavy competition
경쟁으로 압력 받는	pressured with competition
일련의 지시 사항	a set of instructions
체육관의 시설들	gym facilities
잘못 이끌어진 믿음, 잘못된 생각	misguided belief
타협하다	make a compromise
편애하다	show favoritism
뒤쳐지다	fall behind
인격을 성숙시키다	build strong character
존경을 불러 일으키다	command respect
긍정적인 자아상을 형성하다	develop a positive self-image
호기심이 대단한	extremely curious
잘 연마된	well cultivated
더 깊은 연구	in depth research
팀웍을 기르다	build teamwork
동지애, 우애	camaraderie
경쟁자	competitor

경쟁률을 높이다	enhance competitiveness
심하게 다그치다, 독려하다	push hard
더 잘 훈육시키다	foster greater discipline
A의 주의를 학습에서 다른 곳으로 돌리다	divert A from studying
긍정적인 반응	positive feedback
대학 기숙사	university dormitory
대학 학위	college degree
학사 학위	bachelor's degree
석사 학위	master's degree
박사 학위	doctor's degree / Ph.D.
학위를 따다	earn a degree
장학 기금	scholarship fund
고등 교육비	high education costs
등록금	tuition fee
친목 동아리를 만들다	form a club
친목 동아리에 가입하다	join a club
상담 서비스	counseling services
시행 착오	trial and error
직업 소개 센터	career placement center
고용 대행 업체	employment agency
직업 준비, 직업 교육	career preparation
채용 박람회	career fair
미래의 직업	future career ↔ current job
이력을 만들다	build up one's resume
많은 분야에서 뛰어나다	excel in many areas
고도의 기술 분야에 대해 배우다	learn about high technology areas
더 좋은 선생님들을 모집하다	recruit the better teachers

Hackers Writing Start

1일 Daily Check-up

① 학생들은 시험을 시작하도록 허락 받기 전에 일련의 지시 사항을 들었다.
The students were given _____ before they were allowed to proceed with the test.
  * ~를 착수하여 진행하다 : proceed with 명사/ to 부정사

② 그 연구는, 저소득층 학생들은 자신들이 교육을 받지 못했다고 느낀다고 결론지었다.
The research concluded that students from lower-income groups felt that they were _____.

③ 자매 대학들은 양 대학 모두에 유익한 것으로 판명된 학생 교환 프로그램을 만들었다.
The sister universities formulated a _____ that proved to be beneficial for both universities.
  * ~에게 유익한 것으로 판명되다 : prove to be beneficial for ~

④ 동창회는 오래된 예술 과학관을 재건하기 위해 기금 모금 운동을 계획했다.
The _____ planned a fund-raising campaign to restore the old Arts and Sciences building.
  * 기금 모금 운동 : fund-raising campaign

⑤ 그는 강제적인 출석이 요구되는 강의를 신청하고 싶지 않았다.
He did not want to enroll in a class in which _____ was required.

⑥ 그 학생은 잘 쓰기만 한다면 리포트를 늦게 제출해도 된다는 잘못된 생각을 갖고 있었다.
The student had the _____ that he could hand in a paper late as long as it was well written.

⑦ 그 프로그램의 처음 부분을 완성한 뒤, 학생들은 심화 학습을 하도록 허용되었다.
After completing the first part of the program, the students were allowed to _____.

⑧ 그 학생의 고등학교 성적은 다소 낮았지만, 대학입학 담당자들은 응용 물리학 분야에 대한 그의 잠재력을 알고 있었다.
Although the student's high school marks were rather low, college entrance officials were aware of his _____ in the field of applied physics.

⑨ 그 교수는 강의요강의 한 부분으로 야외 활동을 포함하는 것으로 알려져 있었다.
The professor was known for including _____ as part of the course syllabus.
　＊강의요강: course syllabus

⑩ 긍정적인 자아상을 형성하는 것을 돕기 위해, 학생들은 자부심에 관한 세미나에 참여해야 했다.
To help the students _____, they were required to take part in a seminar on self-esteem.

⑪ 그 새로 들어온 학생은 사귈 또래 집단을 찾고 있었다.
The new student was searching for a _____ to associate with.

⑫ 그 소심한 학생은 어느 정도의 근심 없이 자유롭게 또래들과 어울릴 수 없었다.
The shy student could not freely _____ without feeling some anxiety.

⑬ 그는 수업에 대부분 결석하였기 때문에 학점을 따지 못했다.
He did not receive _____ because he was absent from class most of the time.
　＊수업을 빠지다: be absent from class

⑭ 체육 수업은 학생 교과 과정의 중요한 부분이다.
_____ classes are an important part of a student's curriculum.

⑮ 대학은 학생들의 성숙 과정에 도움이 되는 환경을 제공한다.
A university provides students with an environment conducive to the _____.

정답 p. 270

1일 Daily Check-up 143

Hackers Writing Start 〕 〔 **1일 Daily Test** 〕

❶ 단지 어른이 되는 과정에도 극복해야 할 수 많은(numerous) 어려움들이 있다.
　＊ 극복하다 : overcome

❷ 한 사람의 행동에 영향을 주는 동료 압박의 힘을 과소평가해서는 안 된다.
　＊ 과소평가하다 : underestimate

❸ 나는 십대들이 방과 후에 사회 활동을 할 수 있는 젊은이들을 위한 문화 회관을 세울 것이다.
　＊ 문화 회관 : community center　　＊ 방과 후에 사회 활동하다 : socialize at after-school

❹ 학교가 장래성 있는 젊은이들을 가려내어서 그들의 학습 곡선에 박차를 가하는 것은 일반적인 일이다.
　＊ ~하는 것은 일반적이다 : It is common for 명사 to 부정사　　＊ 가려내다, 식별하다 : identify
　＊ 학습 곡선 : learning curve　　＊ 박차를 가하다 : accelerate

❺ 광고의 또 다른 부정적 효과는 청소년 문화에 미치는 그것의 영향에서 찾아 볼 수 있다.
　＊ ~에서 관찰되다, 발견되다 : be observed from ~　　＊ ~에 끼치는 영향 : impact on ~

❻ 연구들에 의하면 체계적인(organized) 방과 후 스포츠 활동이 청소년 범죄의 비율을 낮추고 있음이 입증되고 있다.　＊ 방과 후 스포츠 활동 : after-school sports activities　　＊ 입증하다 : demonstrate

❼ 동아리 모임 조차도 확실히 그 모임이 원활하게 진행되도록 하기 위해서는 지도 후원자가 필요하다.
　＊ 지도 후원자 : a lead facilitator　　＊ 확실히 ~하다 : make sure that 주어+동사　　＊ 원활하게 진행되다 : go smoothly

❽ 나는 학생들이 지식을 갖추고 다재 다능한 사람이 되기 위해 고등교육을 받아야 한다고 느낀다.
　＊ 지식을 갖춘 : knowledgeable　　＊ 다재 다능한 : well-rounded

❾ 대입 시험 준비를 할 때, 나를 독려하는(pushing) 선생님과 함께 공부하는 것이 훨씬 쉽다는 것을 알게 되었다.

❿ 많은 학생들이 편리함(convenience)과 위치(location) 때문에 캠퍼스를 벗어난 생활보다 기숙사를 선호한다.   * B보다 A를 선호하다 : prefer A over B (A와 B 자리에는 명사가 온다)

⓫ 잘 교육 받은 사람이 되기 위해 노력하는 것은 모든 학생들에게 최우선 순위가 되어야 한다.
  * ~를 위해 노력하다 : strive to ~   * 최우선 순위 : top priority

⓬ 그룹 스터디를 하는 것은 학생들에게 팀을 이루어 공부하는 방법을 가르쳐 준다.
  * 그룹 스터디를 하다 : study in a group

⓭ 인내심 있고 새로운 정보를 명확하게 설명할 수 있는 선생님은 학습 과정을 용이하게 하는 것을 돕는다.
  * 용이하게 하다, 순조롭게 하다 : facilitate

⓮ 이러한 과목들(courses)은 중요하며 선택 가능한(optional) 과외 활동으로 격하되지 않아야만 한다.
  * ~로 격하되다 : be relegated to

⓯ 대학 입학 허가를 얻은 후에, 많은 학생들이 입학 첫 해에 대부분의 수업을 빠진다(skip).
  * 입학 첫 해에 : during freshman year

정답 p. 270

[2일 — 가정 생활, 공동체 생활, 사회, 국가]

overview

2일에서는 더불어 사는 사회에서의 행동 양식을 묻는 주제의 topic에 쓸 수 있는 표현을 묶어 놓았다. 가정과 이웃, 더 나아가 사회, 국가 차원의 공동체 생활을 다루는 주제를 포괄한다.

1 집안일 household chores / household tasks

비록 종일 근무를 하고 바쁜 일정을 갖고 있지만, 나는 여전히 **집안일**에서의 내 몫을 그럭저럭 다 해내고 있다.
Although I work a full-time job and maintain a busy schedule, I still manage to do my share of the **household chores**.
>> 종일 근무를 하다 : work a full time job
>> 그럭저럭 해내다 : manage + to 부정사

2 까다로운 이웃 cranky neighbor

나는 **까다로운 이웃**이 되고 싶지는 않지만, 복도 건너편의 사람들은 자정이 지나서 음악을 그렇게 크게 틀어서는 안 된다.
I don't want to be a **cranky neighbor**, but the people across the hall shouldn't play their music so loud after midnight.

3 사회적 풍습 social customs

사회적 풍습의 준수는 문명화된 사회의 공통적인 특성이다.
Observance of **social customs** is a common characteristic of a civilized society.
>> 준수 : observance
>> 특성 : characteristic

4 국제적인 위기 international crisis

정치 분석가들은 다음 **국제적 위기**는 중동에서 일어날 것이라고 예상했다.
Political analysts have predicted the next **international crisis** will occur in the Middle East.
>> 정치 분석가 : political analyst
>> 중동 : the Middle East
>> 일어나다 : occur

5 역할 모델, 모범　role model

우리 아버지는 내가 어른이 되는데 좋은 **역할 모델**이었다.
My father served as a **role model** well into my adulthood.
>> ~의 역할을 하다, 알맞다, 도움이 되다 : serve as~

6 엄격한 규정　strict regulation

권총에 대한 **엄격한 규정**은 지난 해 총기 관련 사망자수를 현저히 줄였다.
Strict regulation of handguns has significantly decreased the number of gun-related deaths in the past year.

7 장기적 관점을 지닌 지도자, 현명한 지도자　far-sighted leader

Gandhi는 평화로운 시위를 통해 사회 개혁을 일으킨 **현명한 지도자**였다.
Gandhi was a **far-sighted leader** who brought about social reform through peaceful demonstrations.
>> ~을 야기하다 : bring about ~
>> 사회 개혁 : social reform

8 대중 정서　popular sentiment

대중 정서와 일치하지 않는 정치가들은 재선될 가능성이 거의 없다.
Politicians who are out of touch with **popular sentiment** have little chance of being re-elected.
>> ~와 일치하지 않는다 : be out of touch with ~ (↔ be in touch with ~)

9 특권을 지닌 사람들　privileged people

단지 일부 **특권을 지닌 사람들**만이 진정으로 자신들의 꿈을 실현할 수 있다.
Only a few **privileged people** get to truly live out their dreams.
>> ~의 꿈을 이루다, 실현하다 : live out one's dreams

10 사교적 능력　social skills

어린 아이들은 또래, 선생님 그리고 가족과 상호작용함으로써 어린 나이에 **사교적 능력**을 발달시킨다.
Young children develop **social skills** at an early age by interacting with peers, teachers, and family members.
>> social skills란 단순히 사교적인 것만을 의미하는 것이 아니라 사회를 살아가면서 알아야 할 '사회생활에 필요한 기술'을 가리킨다.

11 관리자 위치(직급)　managerial position

그는 모든 그의 노력 덕분에 최근 **관리자 위치**로 승진하였다.
He was recently promoted to a **managerial position** for all of his hard work.

12 단기 체류자들　short-term residents

어떤 나라의 **단기 체류자들**은 아마도 취직을 이유로 일시적으로 이동해 왔을 것이다.
Short-term residents of a country have likely been temporarily relocated for employment reasons.

13 개발 도상국　developing country

많은 회사들은 더 싼 노동력 때문에 그들의 공장을 **개발 도상국**들로 옮기고 있다.
Large corporations are moving their factories to **developing countries** because of cheaper labor costs.

14 선진국　advanced country

미국과 같은 **선진국**들은 20세기 초 장기간의 경제 성장을 촉진하기 위해 산업화를 이용했다.
Advanced countries, like the US, used industrialization to promote a long period of economic growth in the early 20th century.
≫ 산업화 : industrialization

15 분열을 일으키는 문제, 논쟁이 되는 문제　divisive issue

수 십년 동안 교회에서 동성애는 논란의 여지가 있고 **분열을 일으키는 문제**가 되어 왔다.
For decades, homosexuality has been a controversial and **divisive issue** in the church.

16 ~의 모국　one's native country

이민자들의 자식들은 종종 **부모들의 모국**어를 말하지 못한다.
The children of immigrants are often unable to speak the tongue of **their parents' native country**.

17 규칙을 제정하다　establish a rule

구성원들의 사생활을 보호하기 위해서, 몇몇 단체들은 기밀성의 **규칙을 제정했다**.
In order to guard the privacy of its members, some organizations have **established a rule** of confidentiality.
≫ 기밀성 : confidentiality

18 잘 차려 입다　dress up

아이들은 할로윈에 특별한 복장을 **차려 입고** 사탕을 얻으러 간다.
Children **dress up** in costumes and trick-or-treat for Halloween.

19 믿음을 쌓다   build up trust

지도자들은 평화 정상 회담이 **믿음을 쌓고** 두 나라 사이의 협력을 강화하기를 희망했다.
Leaders hoped the peace summit would **build up trust** and enhance cooperation between the two countries.

20 모든 계층의, 모든 계층의 사람들로부터   from all walks of life

뉴욕시와 같은 대도시 지역들은 **모든 계층의** 다양한 사람들로 구성된다.
Metropolitan areas, like New York City, are comprised of diverse people **from all walks of life**.

[가정 생활, 공동체 생활, 사회, 국가] 표현 모음

편부모	single parent
가족 모임	a family gathering
우애	brotherly love
형제간의 경쟁	sibling rivalry
안락한 분위기	cozy atmosphere
아이를 다그치다	push one's children
감정적인 애착	emotional attachment
일생의 친구	lifelong friend
이웃의 일	neighborhood business
지역 단체	community organization
지역 문화 회관	community center
지역 문화 시설	community facilities
지역 사회의 번영	community's prosperity
지역의 성향	a community mentality
빛나는 명성	stellar reputation
권위의 인물	authority figure
공인	public figure
노인	senior citizen
물려주다	hand down
더 젊은 세대	younger generation
세대 차이	generation gap
후대에 기여하다	contribute to posterity
미래 세대들	future generations
특권을 남용하다	abuse the privilege
특권 계층	privileged class
일반 대중	general public
여론을 조성하다	form public opinion
여론을 조사하다	poll the public
여론에 호소하다	appeal to public opinion
협동심	feelings of cooperation
일체감	a sense of unity

공통체감	a sense of community
소속감	a sense of belonging
상호 신뢰	mutual trust
인접 지역	neighboring community
벽촌	remote region
외지 사람	out-of-towners
소수 민족 집단	ethnic groups
문명화된 사회	a civilized society
빠르게 움직이는 세상	fast-paced world
늘 변화하는 세상	ever-changing world
빠른 사회적 변화	rapid social changes
리더의 책임	leadership responsibility
지도력	leadership skill
리더쉽을 보여주다	display leadership
사회적인 발전	social progress
사회 풍습	social customs
사교적 모임	social gathering
사회적인 규범	social norms
사회적 상호 작용	social interaction
사회적으로 발달된	socially developed
사회적으로 부도덕한	socially immoral
사회에서 어울리다	fit in society
일시적 수용 시설	temporary shelter
노숙자 수용 시설	homeless shelter
공공 복리	public welfare
사회 경제적 성장	socio-economic growth
무계획적인 도시 팽창	urban sprawl
인구 증가	population growth / population increase
인구 밀도	population density
국가 기반 시설	the country's infrastructure
양로원	nursing home

가정 생활, 공동체 생활, 사회, 국가

[가정 생활, 공동체 생활, 사회, 국가] 표현 모음

저소득층을 위한 주택	low-income housing
고아원에 가다	go to an orphanage
사회 보장 제도	social security system
국민의 복지를 증진하다	promote the public good
공무원	civil servant
집단 이기주의	collective egoism
국가 정체성	national identity
외교 정책	foreign policy
정책 결정	policy decision
정책상의 문제	a matter of policy
새 정책을 발표하다	announce a new policy
정책을 실행하다	carry out a policy
복지 제도	welfare system
공공 서비스	public service
공공 정책	public policy
공공 시설	public facilities
평화 조약	a peace treaty
국제적인 차원에서	on a global scale
함께 식사하다	share a meal
카풀에 동참하다	join a car pool
사기를 북돋우다	boost morale
공통점	common ground
협력하여 (동반으로) 진행하다	go hand-in-hand
협동하다	cooperate with
지속적인 관계	lasting relationships
사람들을 더 가깝게 하다	bring people closer
커다란 적의를 발생시키다	generates a lot of resentment
권리를 침해하다	violate a right
유행이 되다	be a growing trend
엄격한 규칙을 부과하다	impose strict rules
논란을 불러 일으키다	provoke controversy

사생활을 침해하다	invade one's privacy
패션 유행	fashion trends
기꺼이 도와주다	willing to lend a hand
관계를 강화시키다	reinforce the relationship
돌아 다니다	get around / hang around
활기찬 주변 환경을 만든다	create a vibrant neighborhood
다수의 일치된 의견	the consensus of the majority
개별화된 관심	individualized attention
다른 사람들을 능가하는 우월성	superiority over the others
좋은 모범이 되다	set a good example
지위를 높이다	elevate status
환경 문제를 고려하다	consider environmental concerns
지역 기반 시설을 향상시키다	improve local infrastructure
통근 시간을 줄이다	reduce commute time
상호 의사 소통	interpersonal communication
상호 교류 기술	interpersonal skills
대화 기술	conversational skills
~와 연락하다	get in touch with ~
의사 소통 감소의 원인이 되다	contribute to a decrease in communication
개인적인 만남, 직접적인 만남	personal contact / personal meeting
직접하는 대화	face-to-face conversation
좋은 인상을 주다	make a good impression
공통 관심사를 공유하다	share common interests
나라마다 다르다	vary from country to country
국가적 특징	national characteristics

2일 Daily Check-up

① 중요한 공인이 되었다고 해서, 그들이 선거구에 있는 모든 계층의 사람들과 의논하지 못하게 된 것은 아니었다.
Being important _____ did not stop them from consulting with people from all walks of life in their constituency.

② 그 간행물은 대중들이 증세에 대해 얼마나 관대한지 알아보기 위해 여론조사를 하기로 결정했다.
The publication decided to _____ to determine how open they were to the tax increase.

③ 많은 국회 의원들은 휴대 전화에 대한 새로운 법률이 사생활을 침해할 것이라고 생각했다.
Many congressmen felt that the new law on mobile phones would _____.

④ 그 지역의 교외는 무분별한 도시 팽창의 성격을 띠기 시작했다.
The outskirts of the community began to take on the characteristics of an _____ _____.
　＊ ~의 성격을 띠다 : take on the characteristics of ~

⑤ 지역 문화 회관은 다양한 연령층의 모든 주민들을 위한 적절한 활동을 제공한다.
The _____ provides adequate activities for all residents of varying age groups.
　＊ 다양한 연령층의 사람들 : varying age groups

⑥ 사회 보장 제도에는 일반 대중을 위해 완벽하게 기능하지 못하게 만드는 사소한 문제들이 있었다.
There were minor problems with the _____ that prevented it from fully serving the general population.

⑦ 오직 특권층만 그 호텔의 특별 서비스를 받을 수 있었다.
Only a _____ was allowed access to the hotel's premium services.
　＊ 특별 서비스 : premium service

⑧ 문명화된 사회는 가족들을 강하고 분열되지 않도록 유지한다.
A _____ keeps its families strong and unbroken.

⑨ 더욱 강한 국가 정체성을 형성하기 위해, 대통령은 12월 15일에 일어난 사건들을 기념할 특별한 날을 지정할 것이다.
To forge a stronger _____, the President will designate a special day to commemorate the events that took place on December 15.
＊ 기념하다 : commemorate

⑩ 오늘날 많은 아동 심리학자들은 훈육의 부족이 분명 아이를 망칠 것이라고 믿는다.
Many child psychologists today believe that a lack of discipline will definitely _____.

⑪ 지역 문화 시설의 향상은 주거 지역의 확장 계획과 동반으로 진행될 것이라고 기대된다.
The improvements in _____ are expected to go hand-in-hand with plans to expand the residential areas.

⑫ 헌법의 근본 정신은 공익을 증진시키기 위한 것이다.
The fundamental tenets of the Constitution are intended to _____.
＊ 근본 정신, 기본 주의 : fundamental tenet

⑬ 긴급 사회 복지 프로그램은 도시의 실업률을 안정시키는 데 크게 기여할 것이다.
The emergency social welfare program is slated to _____ stabilizing the unemployment rate in the city.
＊ 사회 복지 프로그램 : social welfare program   ＊ 실업률 : unemployment rate

⑭ 그 궁핍한 예술가들은 자신들이 몸담고 있는 사회에 대해 소속감을 갖고 있지 않았다.
The impoverished artists did not have _____ to the society they were a part of.
＊ 가난한 : impoverished

⑮ 노숙자들을 위한 보호 시설은 그 지역의 많은 실직한 노인들을 수용할 만큼 크지 않았다.
The _____ was not large enough to accommodate the many unemployed older men in the community.
＊ 수용하다 : accommodate

정답 p. 270

2일 Daily Check-up 155

2일 Daily Test

Hackers Writing Start

❶ 요즘 많은 대학생들이 자신들의 모국 밖에서 공부하기를 선택한다.
  * ~의 밖에서 : outside of ~

❷ 까다로운 이웃의 나쁜 태도는 옆집에 사는 것을 어렵게 만들 수도 있다.
  * ~을 어렵게 만들다 : make it difficult to 부정사 / that 주어 + 동사   * 옆집에 살다 : live next door

❸ 나는 모든 계층의 새로운 친구들을 사귀는 것을 즐긴다.

❹ 집안일을 돕는 어린이들은 어린 나이에 책임감을 배운다.
  * 어린 나이에 : at an early age

❺ 많은 선진국들에서, 깨끗한 수원을 찾는 것은 어려운 일이 되었다.
  * 수원 : water sources

❻ 태국과 같은 개발 도상국들은 국토의 상당 부분이 여전히 자연적인 상태에 있기 때문에 방문할 만한 매력이 있다.   * 자연적인 상태에 있다 : be in one's natural state

❼ 교복은 학생들과 부모들에게 똑같이 논쟁거리로 남아있다.
  * 교복 : school uniform   * 마찬가지로, 같게 : alike

❽ 우리 정부는 상업적인 개발로부터 남아있는 적은 땅을 보호하는 규칙을 제정해야만 한다.
  * 상업적인 개발 : commercial development

❾ 내가 만나고 싶은 사람은, 노예 제도(slavery)에 대항해 싸울 용기를 지녔던 현명한 지도자 아브라함 링컨(Abraham Lincoln)이다.   * ~에 대항해 싸우다 : fight ~

❿ 그러나 당신의 지역사회의 이웃들과 믿음을 쌓는 데는 시간이 걸린다.

⓫ 대학이 있는 마을(college town)에서, 단기 체류자들은 졸업하자마자 그 지역을 떠날 계획을 갖고 있는 학생들일 것이다.   * 아마 ~일 것이다 : be likely to 부정사   * ~하자마자 : upon/on (동)명사구

⓬ 당신이 어떤 행사(occasion) 때문에 잘 차려 입게 되면, 좀 더 사회적으로 세련된 태도로 행동하는 경향이 있다.   * ~하는 경향이 있다 : tend to 부정사   * 세련된 태도로 행동하다 : act with refined manners

⓭ 대중 정서는 당신의 목표를 결코 포기하지 않도록 하겠지만 네가 그래야만 (포기해야만) 할 때가 있다고 생각한다.
     * ~할 수 있다, ~할 예정이다, ~해야 한다, ~할 운명이다, ~하려고 한다 : be to 부정사   * ~를 포기하다 : give up on ~

⓮ 일부 사람들은 집단 속에 있을 때 어색함을 느끼고 집단을 이끌어 가기 위한 사교적 능력이 부족하기 때문에 리더쉽을 갖기를 주저한다.   * 어색함을 느끼다 : feel awkward   * 주저하다, 피하다 : shy away

⓯ 단지 어떤 사람이 충분한(ample) 경력을 갖고 있다고 해서 그가 관리자의 위치에서 잘 수행해 나갈 것이란 것을 반드시(necessarily) 의미하지는 않는다.   * 경력 : work experience

[3일 ——— 건강, 질병, 자연 환경, 생활 환경]

overview

3일에서는 우리의 삶과 밀접한 관계를 가지는 건강과 환경에 관련된 topic에 쓸 수 있는 표현을 묶어놓았다. 인간 생명에 가장 직접적인 영향을 주는 건강과 질병, 그리고 인간을 위협하는 생활 환경과 인간이 망가뜨린 자연 환경에 관한 주제를 다룬다.

1 수명 life span

유전자 연구에서의 큰 발전으로 인간의 **수명**은 다음 세기에 연장될 지도 모른다.
Breakthroughs in genetic research may lengthen the human **life span** in the next century.
》큰 발전 : breakthrough

2 기대 수명 life expectancy

보험사들은 피보험자들에게 보상 범위를 제시할 때 **기대 수명** 계산기를 사용한다.
Insurance companies use **life expectancy** calculators when providing coverage for their policy holders.
》보험 가입자 : policy holder

3 의료 서비스, 치료 medical care / health care

많은 제 3세계 국가들에서는 **의료 서비스**에 대한 이용이 심각하게 제한되어 있다.
Access to **medical care** is severely limited in many third world countries.

4 연 1회의 정기 검진 annual check-up

수의사들은 가정의 개나 고양이에게 **연 1회의 정기 검진**을 할 것을 권장한다.
Veterinarians recommend an **annual check-up** for the family dog or cat.
》수의사 : veterinarian / vet

5 불치병, 말기의 병 terminal disease / terminal illness

안락사의 옹호자들은 그것이 **말기의 병**으로부터 고통 받는 사람들을 위한 선택권이 되어야 한다고 주장한다.
Advocates of euthanasia argue that it should be an option for people suffering from a **terminal disease**.
》안락사 : euthanasia

6 치명적인 병 deadly disease

흑사병으로도 불리는 서혜 임파선종은 17세기의 유럽에서 전염병 수준에 이르렀던 **치명적인 병**이었다.
The Bubonic Plague, also called Black Death, was a **deadly disease** that reached epidemic levels in 17th century Europe.

7 호흡기 질환 respiratory disease

천식과 같은 **호흡기 질환**으로 고통 받는 사람들은 호흡 보조를 돕는 흡입기를 사용할 수 있다.
People suffering from a **respiratory disease** like asthma can use inhalers to help aid their breathing.

8 면역 체계 immune system

에이즈는 **면역 체계**를 공격하여 무너뜨리는 질병이다.
AIDS is a disease that attacks and breaks down the **immune system**.

9 건강을 유지하다 stay in shape

직업 운동 선수는 다가올 시즌에 대비하기 위해 연중 계속 **건강을 유지**해야 한다.
Professional athletes must **stay in shape** year-round to prepare for the upcoming season.
≫ ~을 준비하다 : prepare for ~

10 범죄율 crime rate

밝은 거리와 주민 방범 단체들이 지역의 **범죄율**을 낮추는 것을 도울 수 있다.
Well-lit streets and neighborhood watch groups can help reduce the local **crime rate**.

11 공장에서 배출된 매연 smoke emissions from the factory

연구들은 천식성 질환의 증가가 **공장에서 배출된 매연**과 연관이 있음을 보여 준다.
Studies show that the increase in asthma cases is linked to the **smoke emissions from the factory**.
≫ ~와 연관이 있다 : be linked to ~

12 시골 지역 rural area

우리 농장은 가장 가까운 도시로부터 수백 마일 떨어진 **시골 지역**에 위치한다.
Our farm is located in a **rural area** hundreds of miles from the nearest city.
≫ ~에 위치해 있다 : be located in ~

13 대중 교통 public transportation

도쿄는 세계에서 가장 결점 없는 **대중 교통** 시스템 중의 하나를 가지고 있다.
Tokyo has one of the cleanest **public transportation** systems in the world.
≫ 결점 없는 : clean

14 식량 부족   food shortage

농부들에게 건기는 그 나라의 **식량 부족**을 더욱 악화시키고 있다.
A dry season for farmers has further worsened the **food shortage** in the country.

15 대량 파괴, 대규모 파괴   mass destruction

환경학자들은 해양이 석유 유출에 의해 발생한 **대규모 파괴**로부터 완전히 회복하지는 못할 것이라 주장한다.
Environmentalists claim the ocean will never fully recover from the **mass destruction** generated by the oil spill.
>> 환경학자 : environmentalist
>> 석유 유출 : oil spill

16 교통 체증   traffic congestion / traffic jam

도시 계획자들은 새로운 고속도로가 도심에서의 대규모 **교통 체증**의 일부를 완화시켜주기를 희망하고 있다.
City planners hope the new freeway will relieve some of the massive **traffic congestion** in the downtown area.
>> 완화시키다 : relieve

17 개인의 안전   personal safety

호신술 수업은 **개인의 안전**을 걱정하는 여성들에게 인기를 얻고 있다.
Self-defense courses have gained in popularity for women who are concerned for their **personal safety**.
>> ~을 걱정하다 : be concerned for ~

18 멸종 위기에 처한 종들의 서식지   endangered species' habitats

비록 **멸종 위기에 처한 종들의 서식지**를 보호하는 것이 중요한 명분이 될 지라도, 기본적인 인간의 필요를 희생시켜서 얻는 것이어서는 안 된다.
Although protecting **endangered species' habitats** is an important cause, it should not come at the expense of basic human needs.
>> ~을 희생시켜 : at the expense of ~

19 자연의 섬세한 균형   delicate balance of nature

우리는 하나의 사회로서, **자연의 섬세한 균형**을 보존하기 위해 우리의 능력 안에서 모든 것을 해야 한다.
We, as a society, must do everything in our power to preserve the **delicate balance of nature**.

20 환경 문제   environmental concern

최근 발행된 설문 조사에서, 대기 오염은 명백히 대중에게 가장 큰 **환경 문제**였다.
In a recently published survey, air pollution was clearly the greatest **environmental concern** to the public.

21 친숙한 광경 familiar sight

Mcdonald의 금색 아치 모양은 전세계적으로 **친숙한 광경**이 되었다.
The golden arches of Mcdonalds have become a **familiar sight** worldwide.

22 인과 관계 a cause and effect relationship

연구자들은 흡연과 폐암 사이에 **인과 관계**가 있음을 입증했다.
Researchers have established that **a cause and effect relationship** exists between smoking and lung cancer.
〉〉 입증하다, 확증하다 : establish
〉〉 폐암 : lung cancer

23 병 따위에 걸리다 come down with

그 견학 여행은 우리 선생님이 유행성 감기에 **걸려서** 취소되었다.
The field trip was canceled because our teacher **came down with** a case of the flu.

건강, 질병, 자연 환경, 생활 환경

[건강, 질병, 자연 환경, 생활 환경] 표현 모음

식품 첨가물	food additive
포장 음식	pre- packaged food
냉동 식품	frozen food
질 낮은 음식	low-quality food
준비하기 쉬운 음식	easy-to-prepare food
균형 잡힌 식단	well-balanced diet
건강에 좋은 음식	healthful eating / healthy eating
고급 레스토랑	classy restaurant
좋아하는 요리	favorite dish
애정이 담긴 음식	hearty food
중요한 영양소	valuable nutrition
성분, 재료	ingredients
비만으로 고통 받다	suffer from obesity
지방 함유와 열량이 높은	high in fat and calories
지방과 열량을 줄이다	cut fat and calories
비위생적인	unsanitary
방부제	preservative
식중독	food poisoning
외국 음식	foreign cuisine
맛있는 음식을 즐기다	enjoy a delicious meal
적절하게 영양이 공급된	properly nourished
필요한 영양소가 결여되다	lack necessary nutrients
현대 주방 기기들	modern kitchen appliance / gadget
식단을 계획하다	plan meals
식료품 구입	grocery shopping
전화로 주문하다	order on the phone
음식을 배달시키다	get food delivered
외식의 편리함	convenience of eating out
음식 가판대	food stands
의료 기기	medical equipment
의료 시설	medical facilities

의학 연구	medical research
최신 의약품	cutting-edge medicine
아드레날린 분비	adrenaline rush
항생제	antibiotics
백신	vaccines
의학 기술	medical technology
병이 나다	get sick
잇몸병	gum disease
충치	cavities
간접 흡연	secondhand smoke
나쁜 시력	poor eyesight
숨이 참	shortness of breath
고콜레스테롤 (수치)	high cholesterol
고혈압	high blood pressure
심장 마비	heart attack
상처로부터 생긴 감염	infection from a cut
공기를 매개로 한 질병	air-borne disease
약물 중독	drug addiction
만성 질병	chronic disease
예상치 못한 병	unexpected illness
담배를 많이 피우는 사람	heavy-smoking person
술을 많이 마시는 사람	heavy-drinking person / hard-drinking person
(환자 등이) 위급한 상태	critical condition
(전염병 등의) 지역적 발생, 출현	localized outbreak
건강 문제	health problems
건강에 위협이 되는 요소들	health risks
건강에 유익한 것	health benefits
신체의 건강	physical fitness
평생의 건강	lifelong physical health
스트레스를 낮추다	lower one's stress level
스트레스에서 벗어나다	relieve stress / escape stress

[건강, 질병, 자연 환경, 생활 환경] 표현 모음

운동 기구	athletic equipment
유아 사망률	infant mortality
유전자 구조	genetic structure
매일의 (식사, 운동 등에 의한) 건강 양생법	daily health regimen
매일의 운동	daily exercise
민간 요법	folk remedies
신체적 능력	physical ability
신체 훈련	physical training
치명적인 사고	a fatal accident
장애인	handicapped people / disabled people
신체적 장애가 있는	physically disabled
많은 신체의 움직임을 필요로 하는	physically demanding
환경 보존	environmental conservation
환경 친화적인 정책	environmentally friendly policy
환경에의 적응	adaptation to the environment
환경상의 퇴보	environmental degradation
자연 서식지	natural habitat
생태계를 보호하다	preserve ecosystem
개발되지 않은 땅	untouched land / undeveloped land
천연 자원	natural resources
보호된 습지대	protected wetlands
녹지	green space
열대 우림	rain forest
재생되지 않는 자원	non-renewable resource
환경 파괴	environmental destruction
지구 온난화	global warming
지구의 많은 자연 자원을 빼앗다	rob the Earth of much of its natural resources
오존층의 구멍	holes in ozone layer
일산화탄소 배출물	carbon monoxide emissions
자동차 배기 가스	auto emissions
공장 폐기물	factory wastes

기업들의 쓰레기 투기	corporate dumping
방사능 폐기물	radioactive wastes
화학 폐기물	chemical wastes
폐유	waste oil
석유 유출	oil spills / spillage of oil
주범	main culprit
인간이 만든 재앙	man-made catastrophe
악순환	vicious cycle
돌이킬 수 없는 손상	irreparable damage
도로 안전	road safety
철도	rail system
지하철 노선	subway routes
육상 교통	ground transportation
대중 교통 수단	public transportation
운송망	transportation systems
운송 수단	modes of transportation
교통 정체	heavy traffic
운전 여건	driving conditions
보행자	passers-by / pedestrian
오염의 감소	reduction in pollution levels
평화롭고 건전한 환경	peaceful and healthy environment
범죄 예방	crime prevention
(차 등이) 고장나다, 건강을 해치다	break down
출퇴근시간의 교통 혼잡	rush hour traffic
교통 혼잡을 완화하다	ease the congestion
교통 정체에 갇히다	be stuck in traffic
주차 문제를 없애다	alleviate parking concerns
소비 수준	consumption levels
부산물	by-product

Hackers Writing Start

3일 Daily Check-up

① 대부분의 사람들은 예방 조치 없이 이루어지는 성관계를 맺는 것과 관련된 건강상의 위험 요소들을 인식하지 못한다.
  Most people are unaware of the _____ involved in engaging in unprotected sex.
  * ~를 인식하지 못하다 : be unaware of ~

② 지속 가능한 발전 프로그램은 미래 세대가 이용할 수 있는 천연 자원을 개발하는 데 초점을 맞추고 있다.
  Sustainable development programs focus on making _____ available to future generations.
  * 지속 가능한 : sustainable   * 미래 세대 : future generation

③ 간접 흡연은 흡연자들보다 비흡연자들에게 더 해롭다고 알려져 있다.
  _____ is known to be more harmful to non-smokers than to smokers.

④ 질병 확산의 주범은 건강 정보에 대한 이용의 부족이다.
  The _____ of the spread of disease is the lack of access to health information.
  * 이용 부족 : lack of access   * 건강 정보 : health information

⑤ 건강에 좋은 음식을 고수함으로써, 그 환자는 자신이 위장약을 복용할 필요성이 줄어들기를 바란다.
  By sticking to _____, the patient hopes to lessen his need for stomach medications.

⑥ 모든 음식 가판대가 위생에 대한 지역 법률을 준수하지는 않는다.
  Not all _____ comply with local laws on hygiene.

⑦ 자선가들은 병원 연구실에서 이루어지는 많은 의학 연구에 기금을 지원한다.
  Philanthropists fund much of the _____ conducted in the laboratories of the hospital.
  * 자선가, 박애주의자 : philanthropist

⑧ 사람들이 민간 요법의 유용성을 알기 시작한 것은 최근의 일이다.
  It is only recently that people have begun to see the usefulness of _____ .

⑨ 자동차의 배기관은 자동차 배기 가스를 외부로 배출시킨다.
   The exhaust of a car channels _____ into the environment.
   * 배출시키다, 내보내다 : channel

⑩ 약물 중독은 국가의 젊은이들이 직면한 가장 심각한 문제 중 하나이다.
   _____ is one of the most serious problems facing the youth of the nation.

⑪ 그 회사는 모든 프로젝트에 환경 친화적인 정책을 엄격하게 추구할 것을 강조해 왔다.
   The company has made it a point to strictly pursue an _____
   on all of its projects.
   * ~을 강조하다 : make it a point to 부정사

⑫ 대부분의 식단과 달리, 새로운 식단은 지방과 칼로리를 줄이고자 하지 않는다.
   Unlike most diets, the new diet does not seek to _____.

⑬ 공장 쓰레기가 그 지역의 수역에 대한 가장 심각한 오염원으로 여겨진다.
   _____ are considered the greatest source of pollution to water bodies in the area.

⑭ 토지를 개간하기 위해 나무를 벌채하여 태우는 고산 부족의 관습이 광범위한 환경 파괴를 가져왔다.
   The mountain tribes' practice of slash-and-burn to clear land has resulted in widespread _____.
   * (경작을 위해) 나무를 벌채하여 태우는 : slash-and-burn

⑮ 직장에서의 치명적인 사고를 피하기 위해, 회사는 복잡한 안전 조치 체계를 제정했다.
   To avoid _____ in the workplace, the company has instituted a complex system of safety measures.
   * 안전 조치 : safety measure

정답 p. 271

Hackers Writing Start — 3일 Daily Test

❶ 학생들은 건강을 유지하기 위해서 매일 운동을 해야 할 필요가 있다.
  * ~에 참가하다, ~을 시작하다 : engage in ~   * 매일 : on a daily basis

❷ 사람들은 오염 때문에 알레르기(allergies)나 다른 더 심각한 질병에 걸릴 지도 모른다.
  * ~ 때문에 : due to ~

❸ 연 정기 검진은 수많은 질병을 조기 발견 하는데 중요한 역할을 한다.
  * ~에서 중요한 역할을 하다 : play an important part in ~   * 조기 발견 : early detection

❹ 많은 불치병들은 유전자 치료에서의 진보로 근절될 것이다.
  * 근절하다 : eradicate   * 진보 : advancement   * 유전자 치료 : gene therapy

❺ 인삼(ginseng)을 먹는 것은 당신의 면역 체계를 강화시킨다.(strengthen)

❻ 기대 수명이 계속해서 증가함에 따라, 더 많은 퇴직 저축에 대한 필요성 역시 증대되어 왔다.
  * 퇴직 저축 : retirement savings

❼ 간접 흡연이 치명적인 병을 유발한다는 사실이 의학적으로 증명되었다.
  * 간접 흡연 : secondhand smoke

❽ 대중 교통 수단을 이용하는 것은 자동차를 운전하는 것에 대한 환경 친화적인 대안이다.
  * 환경 친화적인 대안 : environmentally friendly alternative

❾ 비교적으로(comparatively), 범죄율은 시골에서 보다 대도시에서 더 높다.

❿ 큰 도시들은 오염되었을 뿐만 아니라, 교통 체증은 다니는 것(traveling)을 시간 소모적인 힘든 일로 만든다.　　＊~뿐만 아니라 : not only 동사+ 주어　　＊시간 소모적인 힘든일 : a time-consuming chore

⓫ 그 공장으로부터 배출된 매연은 확실히(surely) 그 지역 사회의 삶의 질에 영향을 줄 것이다.
　　＊영향을 주다 : impact

⓬ 환경 문제에 대한 해결책을 찾는 것은 예술을 후원하는(support) 것보다 더 중요한 명분(cause)이다.

⓭ 대량 파괴 무기는 21세기의 세계 평화에 가장 큰 위협이 될 것이다.
　　＊가장 큰 위협 : the biggest threat

⓮ 생태 관광(eco-tours)은 멸종 위기에 처한 종들의 서식지에 관해 더 많은 것들을 가르쳐줄 수 있다.

⓯ 사람들이 가난하게 살고 있고 식량 부족이 주요 관심사인 상황에서, 돈이 기술에 쓰여서는 안된다.
　　＊A가 ~인 상황에서, ~한채로 : with A (동)명사구　　＊가난하게 살다 : live in poverty

정답 p. 271

생활 방식, 사고 방식

overview
4일에서는 우리의 생활 방식과 사고 방식을 묻는 topic에서 사용할 수 있는 표현들을 배운다.

1 생활 수준 standard of living / level of lifestyle

미국과 일본은 세계에서 최상의 **생활 수준**을 영위하고 있다.
The United States and Japan enjoy the highest **standard of living** in the world.

2 시간이 소모되는 활동 time-consuming activity

연구 프로젝트를 위해서 정보를 찾는 것은 지루하며 **시간이 소모되는 활동**이다.
Finding information for a research project can be a tedious and **time-consuming activity**.

3 확실한 공식, 확실한 방법 sure formula

많은 젊은 전문 직업인들은 직업적 목표를 달성하는 것과 높은 급료를 받는 것이 행복의 **확실한 방법**이라고 잘못 생각한다.
Many young professionals mistakenly believe that achieving career goals and earning a high salary is a **sure formula** for happiness.
>> 전문 직업인 : professional
>> ~라고 잘못 생각하다 : mistakenly believe that 주어+동사

4 분별력 있는 사람 level-headed person

심각한 문제를 다룰 때, **분별력 있는 사람**의 충고를 구하는 것이 가장 좋다.
When dealing with serious problems, it is best to seek out the advice of a **level-headed person**.
>> ~를 구하다, 찾다 : seek out ~

5 내키지 않는 일, 반갑지 않은 일   uninviting task

그 상사는 그의 직원들에게 그들이 일시적으로 해고될 것이라고 말해 주어야 하는 **내키지 않는 일**을 맡았다.
The supervisor had the **uninviting task** of telling his workers that they were being laid off.
>> 일시적으로 해고하다 : lay off

6 남겨진, 남은 음식, 남아 있는 것   left over

저녁 식사에서 **남은 음식**은 쓰레기로 버려졌다.
The **left over** food from dinner was thrown into the trash.

7 성가신 것, 성가신 일   pain in the neck

세금을 정리하는 것은 처리하기에 **성가신 일**이지만, 처리하지 않은 사람들에게 그 결과는 가혹하다.
Filing your taxes can be a **pain in the neck** to deal with, but the consequences are severe for those who don't.
>> ~를 처리하다 : deal with ~
>> ~에게 가혹하다 : be severe for ~

8 최우선 순위   top priority

그 대통령은 교육을 그의 의사 일정의 **최우선 순위**로 두었다.
The president has made education the **top priority** on his agenda.

9 내적 가치, 내재적 특성   intrinsic quality

면접은 고용주들이 유망한 지원자들의 **내적 가치**를 규명할 수 있도록 도와 준다
Interviews help employers determine the **intrinsic qualities** of their prospective job applicants.
>> A가 ~하도록 도와주다 : help A (to) 동사원형

10 얼굴 표정   facial expression

코치의 **얼굴 표정**은 경기에 패한 것으로부터 그가 느낀 실망감을 보여 주었다.
The coach's **facial expression** showed the disappointment he felt from losing the game.
>> 실망(감) : disappointment
>> 경기에서 지다 : lose the game

11 스트레스 없는 삶   stress-free life

비록 **스트레스 없는 삶**을 산다는 것은 불가능하지만, 규칙적인 운동은 스트레스의 영향을 최소화하도록 도울 수 있다.
Although it is impossible to live a **stress-free life**, regular exercise can help minimize the effects of stress.

12 ~의 사생활을 존중하다 respect the privacy of ~

의사들은 법에 의해 그들의 환자들**의 사생활을 존중하도록** 되어 있다.
Doctors are required by law to **respect the privacy of** their patients.
>> ~할 필요가 있다, ~하도록 요구된다 : be required to 부정사

13 나쁜 습관을 고치다 break a bad habit

나쁜 습관을 고치려고 노력하는 것은 엄청난 헌신과 의지력을 필요로 한다.
Trying to **break a bad habit** requires an enormous amount of dedication and willpower.

14 긍정적인 시각을 유지하다 maintain a positive outlook

투자자들은 최근의 불황에도 불구하고 주식 시장에 대해 **긍정적 시각을 유지해 왔다.**
Investors **have maintained a positive outlook** on the stock market despite the recent slump.

15 ~에 대해 유난을 떨다, 야단법석하다 make a big fuss over ~

우리 어머니는 내가 아플때 나**에 대해 유난을 부리신다.**
My mother **makes a big fuss over** me when I am sick.

16 ~에 헌신하다 be dedicated to ~

나는 내 직업**에 헌신할** 작정이다.
I plan to **be dedicated to** my career.

17 지나치게 스트레스 받는 stressed out

투자 금융업종에서 일하는 것은 **스트레스**를 수반한다.
Being **stressed out** comes with having a job in investment banking.

18 ~에 대해 까다로운 particular about ~

균형 있는 식생활은 먹는 것**에 대해 까다로운** 사람들에게는 어려운 일이 될 수 있다.
A balanced diet can be a difficult task for those **particular about** what they eat.

19 극히 비인간적인 highly impersonal

그 상사의 **극히 비인간적인** 성격 때문에, 사무실의 사람들은 그를 가까이할 수 없는 사람으로 여겼다.
Given the supervisor's **highly impersonal** nature, people in the office considered him unapproachable.

20 일시적인 기분 전환   temporary diversion

인터넷은 검색하는 것은 그가 슬플 때 **일시적 기분 전환**으로 삼는 것이다.
Surfing the web is a **temporary diversion** for him when he's feeling sad.

21 약점을 극복하다   overcome a weakness

명상과 격려는 **약점을 극복하게** 만들 수 있다.
Meditation and encouragement can help a person **overcome a weakness**.

22 중요한 역할을 하다   play an important role

교육은 미래의 성공에 **중요한 역할을 한다**.
Education **plays an important role** in future success.

[생활 방식, 사고 방식] 표현 모음

빠른 결정	quick decision
세심한 결정	careful decision
결정을 뒤집다	reverse the decision
깊이 뿌리 박힌 편견	deep-rooted prejudice
내적 갈등	inner conflict
감정적인 만족	emotional satisfaction
무례한 언사	offensive remarks
호의를 나타내는 몸짓	a goodwill gesture
애매한 언급	ambiguous statement
중립적인 입장을 취하다	take the middle ground
최적의 조건	optimal condition
인정 있는 성향	sympathetic disposition
공감하여 이야기를 들어주는 사람	sympathetic listener / sympathetic ear
동정, 연민	compassion
이성적인 행동	rational behavior
흔들리지 않는 믿음	unwavering belief
긍정적인 시각	optimistic view ↔ pessimistic view
인간의 존엄성	human dignity
인간 본성	human nature
근시안적인 접근	short-sighted approach
모순되는 태도	ambivalent attitude
부정적 태도	negative attitude
(남과 구별되는) 독특한 성격	a distinct personality
남성 권위주의자	male chauvinist
버릇없는 사람	ill-mannered person
보통 사람	an average person
정당화할 수 있는 이유	justifiable reason
명확한 이유	obvious reason
습관의 반영	reflection of one's habits
사고력	thinking ability
상식	common sense

기억력	memory power
의지력	will power
지적으로 가치 있는	intellectually rewarding
지적인 능력	intellectual capability
지각, 자각	a sense of awareness
성취감	a sense of accomplishment
책임감	a sense of responsibility
커다란 감정 변화의 범위	a wide range of emotions / a wide range of feelings
눈에는 눈 이라는 사고방식	an eye-for-an-eye mentality
장기간에 걸친 적대감	long-term hostilities
나쁜 결과	negative result
순전한 운	pure luck
힘든 하루	an exhausting day
귀중한 경험	valuable experience
극적인 변화	dramatic changes
불공평한 비난	unfair criticism
정신적 상태	mental condition
만반의 준비를 하다	do all the preparation for
한번에 하나씩 해결하다	take it one step at a time
조치를 취하다	take steps
다른 의견을 가지다	hold a different opinion
시간을 관리하다	arrange a time
외모	external appearance / physical appearance
아무렇게나 옷 입은 사람	slovenly dressed person ↔ well-dressed person
정장 입은 사람	man in a business suit
자유를 만끽하다	enjoy one's freedom
인기를 얻다	gain in popularity
바른 결단을 내리다	make correct decisions
침착을 유지하다	keep one's composure
당황하다, 겁먹다	feel panic
나쁘게 행동하다	behave negatively

[생활 방식, 사고 방식] 표현 모음

제 눈에 안경이다 (보는 사람에 따라 다르다)	be in the eye of the beholder
행운을 바라다	keep one's fingers crossed
요구에 부합하다	meet the demand
명상하다	practice meditation
참다	put up with / endure
결론에 도달하다	reach a conclusion
목표에 도달하다	reach one's goals
경험을 나누다	share one's experience
~에 대한 존경을 표시하지 않다	show no respect for ~
문제로부터 멀리 떨어져 있다	stay out of trouble
행동을 취하다	take action
태평스러운, 낙천적인	happy-go-lucky
아주 만족한	deeply satisfied
신중하게	with discretion
늦게 자는 사람	night owl
일찍 일어나는 사람	early bird
웃음을 자아내다	evoke laughter
기분을 가볍게 하다	lighten one's mood
예민한 마음을 유지하다	keep one's mind sharp
충만한 삶	fulfilling life
신뢰도, 신뢰성	reliability
신뢰할 만한 친구	reliable friend
무분별한 태도로	in an irrational manner
즐겁고 재미 있는 태도	enjoyable and fun manner
무조건적인 사랑	unconditional love
더욱 헌신적으로 되다	become more committed
과거의 경험을 떠올리다	recall past experiences
높은 목표를 세우다	set high goal
명확한 목표를 세우다	establish a clear goal
자부심	self-esteem
자존심	a sense of pride

~하는 즐거움을 빼앗다	take the enjoyment out of ~
위험을 무릅쓰는 사람	risk-taker
개인적 특성, 개성	individuality
지성	intelligence
근면성	diligence
비판적으로 생각하다	think critically
현재의 생활 방식	current lifestyle
지루한 일상	boring routine
같은 일상을 반복하다	maintain a routine schedule
긴장을 유발하다	generate tension
쌓이는 긴장을 풀다	release built-up tension
상황에 대한 더 나은 이해	better understanding of the situation
공손함, 상냥함	complaisance / compliance
시간 엄수 (하는 성격), 꼼꼼함	punctuality
안심하다	feel secure
우선 순위를 정하다	set priorities
주의를 끌다	draw one's attention
소송을 걸다	file a suit against
어려운 시기를 겪다	go through a hard time
설득력 있는 주장	persuasive argument
적극적인 참여자	active participants
기력을 회복하다	recharge one's batteries

[**Hackers Writing Start** **4일 Daily Check-up**]

① 그는 그 집단 내에 있는 어떤 사람의 반감도 사지 않기 위해 중립적인 입장을 취할 수 밖에 없었다.
He was forced to _____ to avoid antagonizing anyone in the group.
* 반감을 사다, 적대하다 : antagonize

② 그 설교자는 긍정적인 시각 덕분에, 적대적인 청중들에게도 계속 설교를 할 수 있었다.
The preacher's _____ allowed him to keep preaching even to hostile listeners.

③ 그의 무례한 언사 때문에 그가 구장에서 경기하는 것이 금지되었다.
He was banned from playing on the court for his _____.

④ 가장 힘든 상황에서도, 임원들은 침착함을 유지하도록 기대된다.
Even in the most trying situations, the officers are expected to _____.

⑤ 그가 눈에는 눈이라는 사고 방식을 갖고 있기 때문에, 아무도 그를 거스르길 원하지 않는다.
No one wants to cross him for he has an _____.
* 거스르다, 방해하다 : cross

⑥ 그 소년의 부모들이 이슬람교도들을 취급한 방식이 그에게 모든 이슬람교도들에 대한 깊이 뿌리 박힌 편견을 주입시켰다.
The way the boy's parents treated Muslims instilled in him a _____ against all Muslim people.
* A에게 ~를 주입시키다 : instill in A ~ = instill ~ in A

⑦ 과거에는 젊은이들이 가정에서 어른들과 다른 의견을 갖는 것이 위험한 일이었다.
In the past, it was dangerous for the young in a household to _____ from their elders.

⑧ 많은 신도들이 그 교리를 완전히 이해하진 못했지만, 새로운 종교는 인기를 얻었다.
The new religion _____ although many of its adherents did not fully understand its principles.
* 완전히 이해하다 : fully understand

⑨ 그는 순전한 운이란 것을 믿지 않기 때문에 결코 복권을 사지 않았다.
Not believing in _____, he never purchased a lottery ticket.
＊복권 : lottery ticket

⑩ 법은 인간의 존엄성에 대한 권리를 주창하고자 한다.
The law seeks to address the right to _____.

⑪ 교도관은 죄수들을 인간적으로 대해 달라는 요구에 부합하지 못했다.
The prison warden failed to _____ for humane treatment of prisoners.
＊교도관, 간수 : prison warden

⑫ 양국간의 장기간에 걸친 적대감은 사람들에게 엄청난 희생을 강요했다.
_____ between the two nations has exacted a heavy toll on the people.
＊강요하다 : exact   ＊엄청난 희생 : heavy toll

⑬ 응석받이로 자란 소년들은 고생에 대해 모순되는 태도를 보였다.
The boys who had been pampered showed an _____ toward suffering.
＊(어린 아이의) 응석을 받아주다 : pamper

⑭ 그 맹인 육상 선수는 마라톤을 완주한 후 성취감을 느꼈다.
The blind runner felt _____ after completing the marathon.

⑮ 그는 부모님을 기쁘게 해드리고 싶어서, 문제에 말려들지 않도록 클럽에 가는 것을 피하기 시작했다.
Wanting to please his parents, he began to avoid the club in order to _____ _____.

정답 p. 271

Hackers Writing Start [**4일 Daily Test**]

① 배우고자 하는 바람은 인생에서 성공하기를 바라는 사람 누구나에게 있는 내적 특성이다.
  * ~에서 성공하다 : succeed in ~   * ~하고자 하는 바람 : desire to 부정사

② 좋은 이웃의 주 관심사는 타인의 사생활을 존중해 주는 것이 되어야 한다.
  * 관심사 : concern

③ 얼굴 표정을 보는 것은 직접 의사 소통하는 데 있어 매우 중요한 부분이다.
  * 매우 중요한, 값을 헤아릴 수 없는 : invaluable   * 직접 의사소통 하다 : communicate face-to-face

④ 대부분의 젊은 사람들은 집안일이라는 내키지 않는 일을 피하기를 좋아한다.

⑤ 일반적으로, 사물에 대해 긍정적인 시각을 유지하는 사람들이 가장 행복한 사람들이다.
  * ~한 사람들 : those who ~

⑥ 작은 마을이 모든 주민들(all its inhabitants)에게 스트레스 없는 삶을 제공할 것이라는 근거 없는 사회적 통념이 있다.   * 근거 없는 사회적 통념 : myth   * A에게 B를 제공하다 : provide B for A = provide A with B

⑦ 나쁜 룸메이트가 있는 상황은 너로 하여금 항상 지나치게 스트레스를 받는다고 느끼게 할 수 있다.
  * A가 ~ 하도록 야기시키다. : cause A to 부정사

⑧ 내 여가시간의 최우선 순위는 재미있고, 흥미롭고 휴식을 취할 수 있는 활동에 참여하는 것이다.
  * ~에 종사하다, 참여하다 : engage in ~

9 나는 결함(imperfections)에 대해서 까다롭기 때문에, 기계로 만든 제품을 선호한다.
　＊기계로 만든 제품 : machine made goods

10 예를 들어, 정부는 많은 가난한 나라들의 생활 수준을 향상시키는데 자원을 보낼 수 있다.
　＊자원을 보내다 : direct resources　＊가난한 나라 : impoverished countries

11 청소년 스포츠 팀의 코치들은 지나치게 열성적인(overzealous) 부모들이 그들의 일에서 가장 성가시다고 생각한다.　＊A가 ~하다고 생각하다. : find A (to be) ~

12 남아 있는 자연 토지가 많지 않다면 손대지 않은 채로 두는 것이 더욱 중요하다.
　＊~를 손대지 않은 채로 두다 : leave ~ untouched

13 나는 가구들(households)간에 일어나는 작은 문제들에 대해 야단법석하지 않는 이웃이 더 좋다.

14 야망과 노력은 성공적인 미래를 위한 확실한 방법이다.
　＊노력 : hard work

15 이 위치는 조직화되고 다른 사람들과 잘 상호 작용할 수 있는 분별력 있는 사람을 요구한다.
　＊조직화된 : organized　＊~와 잘 상호 작용하다 : interact well with ~

정답 p. 271

Hackers Writing Start

[5일 ──────────── 문화, 예술, 과학, 기술]

overview

5일은 인류 문명의 축적이라고 볼 수 있는 문화, 예술, 과학, 기술에 관한 표현을 배운다. 문명의 어떤 면이 우리에게 도움이 되는지 아니면 해를 끼치는지를 묻는 주제에서 주로 사용할 수 있다.

1 효도   filial piety

효도의 실천은 오늘날의 사회에서는 일반적으로 덜 발견된다.
The practice of **filial piety** is less commonly found in today's society.
≫ 실천 : practice

2 문맹, 컴맹   illiterate individual / computer-illiterate individual

인터넷에 연결하는 것이 아주 쉬워져서, **컴맹**도 몇 분 내로 온라인에 접속할 수 있다.
Connecting to the Internet has become so easy that even a **computer-illiterate individual** can be online within minutes.
≫ 너무 ~해서 –할 수 있다 : so 형용사 that 주어 + 동사

3 원격 학습   remote learning

원격 학습 프로그램은 교실에 앉아 있을 시간이 없는 사람들을 위해 고안되었다.
Remote learning programs are designed for people who do not have the time to sit in a classroom.
≫ ~를 위해 고안되다 : be designed for ~

4 풍부한 문화 유산   rich cultural heritage

역사가들은 도난당한 유물들이 대표하는 **풍부한 문화 유산**의 손실을 안타까워했다.
The historians mourned the loss of the **rich cultural heritage** that the stolen artifacts represented.
≫ 유물, 예술품 : artifact
≫ 안타까워하다, 슬퍼하다, 한탄하다 : mourn

5 비전통적인 방법 non-traditional way

혁신적인 사상가들은 낡은 사상을 이용하는 **비전통적인 방법**을 찾는다.
Innovative thinkers find **non-traditional ways** of using old ideas.

6 유교적 윤리 Confucian ethics

그 작은 마을은 여전히 여러 세대에 걸쳐 이어져 내려온 **유교적 윤리**에 따라 살아가고 있었다.
The small village still lived by the **Confucian ethics** that had been handed down from generation to generation.
>> 여러 세대에 걸쳐 이어져 내려오다 : hand down from generation to generation

7 모국어 one's first language / mother tongue

너무 오랫동안 미국에서 살았기 때문에, 그 이주자는 **모국어**를 거의 다 잊었다.
Having lived in the United States for so long, the immigrant had nearly forgotten **his first language**.

8 세계 공용어 lingua franca / global language

영어는 오늘날 국제 사회에서 경영인들이 사용하는 **세계 공용어**이다.
English is the **lingua franca** of the businessmen in this international community.
>> 국제 사회 : international community

9 습관의 동물 creature of habit

대부분의 소비자들은 **습관의 동물**로서, 특정한 상표의 제품에 매우 충성스럽다.(늘 구입한다)
Most customers, as **creatures of habit**, are very loyal to certain brands of products.

10 최신 정보 up-to-date information

그는 경제 동향에 대한 **최신 정보**를 확실히 얻기 위해 잡지를 구독했다.
He subscribed to the magazine to make certain he had **up-to-date information** on business trends.
>> ~(신문, 잡지 등)을 구독하다 : subscribed to ~
>> 경제 동향 : business trend

11 정보 기술 information technology

한가지 학설은 **정보 기술**이 부유한 나라와 가난한 나라 사이의 경제적 차이를 줄인다는 것이다.
A school of thought is that **information technology** will reduce the economic disparity between rich and poor countries.
>> 학설 : school of thought
>> 차이, 불균형 : disparity

12 **자동차 산업** auto industry

자동차 산업은 자동차 충돌로부터 야기되는 부상들을 줄이기 위해 엄청난 안전상의 개선을 해 왔다.
The **auto industry** has made enormous safety improvements to reduce the injuries resulting from car collisions.

13 **힘든 노동** laborious work

논문을 쓰는 대학 졸업반에게 있어 조사의 **힘든 노동**이 아마도 가장 큰 난제일 것이다.
The **laborious work** of researching is perhaps the greatest challenge to writing a thesis for college seniors.
>> (보람이 있는) 난제, 과제 : challenge

14 **최첨단 기술, 최신 기술** state-of-the-art-technology

그 병원은 **최첨단 기술**을 숙련된 직원과 결합시킴으로써 뛰어난 명성을 얻었다.
The hospital earned its excellent reputation by combining **state-of-the-art-technology** with a skilled medical staff.
>> A와 B를 결합시키다 : combine A with B

15 **우주 개발** space exploration

최근의 우주 왕복선 재난에도 불구하고, **우주 개발**은 정부로부터 계속 자금 지원을 받을 것이다.
Despite the recent shuttle disaster, **space exploration** will continue to be funded by the government.

16 **양날의 칼, 이로움을 줄 수도 있고 해를 끼칠 수도 있는 것** double-edged sword

펜은 훌륭한 작가의 손에 놓여있을 때 **양날의 칼**과 같다.
The pen is like a **double-edged sword** in the hands of a good writer.

17 **고도로 기술이 발달한 사회** high-tech society

컴퓨터와 휴대 전화를 널리 사용함에 따라, 오늘날 한국은 **고도로 기술이 발달한 사회**로 알려졌다.
With its widespread use of computers and mobile phones, Korea is known today as a **high-tech society**.

18 **수정하다, (기계 등을) 조정하다** make adjustments

에세이를 쓸 때, 교정하고 필요하다면 **수정하는** 것이 좋다.
When writing an essay, it is good to proofread and **make adjustments** if necessary.

19 역차별 reverse discrimination

역차별은 백인 남성들이 우세한 나라에서는 거의 볼 수 없다.
Reverse discrimination is rarely seen in a country where white men dominate.

20 잘 고안된 제도 well-designed system

잘 고안된 제도는 빌딩의 유지비를 절약할 수 있고, 안전을 보장할 수 있다.
A **well-designed system** can cut maintenance costs and ensure the security of the building.

[문화, 예술, 과학, 기술] 표현 모음

문화적인 활동	cultural activity
공통된 문화 경험	a common cultural experience
동일한 문화	homogeneous culture
손으로 만질수 있는 전시품	hands-on exhibits
라이브 공연	live performance
영화	motion picture / movie
영화 보러 가는 사람들	movie goers
예술을 감상하다	appreciate art
콘서트를 열다	give a concert
연극을 보러 가다	go to the theater
대중 음악	popular music
대중 매체	mass media
미술 전람회	a fine art exhibition
예술 축제	an art festival
유흥 공간	entertainment venues
텔레비전광	a television addict
텔레비전 드라마	soap opera
아이들을 위한 텔레비전 프로그램	a kid's program on TV
텔레비전에 달라붙어 있다	glue oneself to the television set
적극적인 시청자 / 관객	active viewers ↔ passive viewers
인생에 대한 비현실적인 묘사	unrealistic portrayal of life
신문의 광고란	classified ad / classifieds
악기	musical instrument
복장 규칙	dress code
전통 의상	traditional costumes
문화적 품목	cultural items
미술품 전시장	art gallery
여가 활동	free time activities
예술적 창의력	artistic creativity
낡은 표현, 진부한 표현	an old cliche
전문적이고 과학적인 용어	technical and scientific terms

종교적 박해	(religious) persecution
면밀한 분석	in-depth analysis
현대 심리학의 많은 이론들	many theories of modern psychology
세계적으로 유명한 노벨상 수상자	a world-renown Nobel prize winner
전자 게임	electronic games
장거리 전화	long-distance phone calls
무선 통신	wireless communications
휴대 전화	mobile phone
휴대용 CD 플레이어	portable CD players
가옥 건설자	housing developer
토지 개발자	land developer
싹쓸이 채굴법	strip mining techniques
핵무기	nuclear weapon
과학적 연구	scientific research
과학적인 발견	scientific discovery
기술적인 발전	technological advancements
변화하는 기술에 적응하기 위한 준비	preparation to adapt to changing technology
과학 기술적인 기적	technological miracle
저작권 분쟁	property disagreement
상승과 하강, 발전과 쇠퇴	ups and downs
중요한 발전	significant breakthrough
점을 보다	consult a fortune-teller
긍정적 차별	positive discrimination
체면을 세우다	save face
최신 도구	latest gadget
무선 인터넷	mobile internet
인터넷 자료	internet contents
온라인 모임	online community
온라인 대학	online university / online degree programs
온라인상의 검색 엔진	search engines
보관된 지난 기사들	archived articles

문화, 예술, 과학, 기술

[문화, 예술, 과학, 기술] 표현 모음

파일 공유	file sharing
인터넷 사용자들간의 파일 공유	peer-to-peer sharing
인스턴트 메신저	instant messenger
디지털 사진	digital pictures
스프레드시트 프로그램(엑셀)	spreadsheet program
워드 프로그램	word processing program
자동화된 프로그램	computerized programs
컴퓨터로 정보를 처리하다	process the information with a computer
시간이 드는 과정	time-consuming process
복잡한 과정	a complicated process
중요한 부분을 구성하다	form an integral part
문학적 재능	literary talent
멀리 떨어진 장소와 연락하다	reach remote places
국제적인 의사 소통	international communication
몇 세기에 걸친 문화적 진보	cultural progress over the ages
세계화에 발맞추어 나가다	keep in step with globalization
국제적 기반 위에 작용하다	operate on international basis
과거로부터의 경험의 축적	accumulation of experiences from the past
선조의 업적	work of our predecessors
자동차 대여	car rental
자동차 수리	car repair
주유소	gas station
주차장	a parking lot
자동차를 타고 출근하다	drive to work
자동차의 속도를 내다	step on the gas
자동차 여행	a motor trip
이동 시간을 줄이다	reduce the time of travel
일년간의 여행	a year-long trip
여행에 휴대하기 좋은	handy on trips
숙박 시설	accommodation
여행 친구	travel buddies

휴양지	recreational areas
기념품	souvenirs
대량 생산의 발달	development of mass-production
유전 공학	genetic engineering
유전자 구조	genetic structure
반도체 칩	semi-conductor chips
응용 수학	applied mathematics
주택 문제	housing problem
가구, 생활 물품	living arrangement
집안 모든 물건들이 구비된	fully furnished
원룸 아파트	studio apartment
시간적 순서	chronological order
훌륭한 발명과 발견	great inventions and discoveries
최근의 경향	latest trend
실현 가능한 생각	workable idea
날씨가 따뜻한 지역	mild weather areas
출생에서 죽음까지, 생산에서 폐기까지	life cycle
쓸모 없게 되다, 폐기되다	become obsolete

Hackers Writing Start

5일 Daily Check-up

① 그녀는 매일 접속해야 한다는 것을 알고 온라인 동호회에 가입하기를 주저했다.
   She hesitated to join the _____ when she learned that she had to log in on a daily basis.

② 파일 공유를 허용하는 프로그램이 많은 음반 회사들로부터 비난을 받아왔다.
   Programs that allow _____ have come under fire by many music companies.
   * 비난을 받다 : come under fire

③ 의약 분야에서 이루어진 기술 진보는 전세계적으로 수명을 연장시키는 데 기여했다.
   The _____ made in the field of medicine have helped increase life span all over the world.

④ 그 밴드는 Ethiopia의 난민을 돕기 위해 콘서트를 열기로 결정했다.
   The band decided to _____ to help the refugees in Ethiopia.
   * 피난민, 망명자 : refugee

⑤ 우리는 유전 공학이 시도된 어떤 생산물도 소비하지 말도록 경고 받았다.
   We were warned not to consume any products that had undergone some _____ _____.

⑥ 공급 과잉으로 반도체 칩의 가격이 계속 하락하였다.
   The price of _____ continued to drop as there was a glut in production.
   * (상품의) 공급 과잉 : glut

⑦ 의학 연구원들은 환자들을 증상이 계속 악화되는 악순환 상태에 놓이게 만드는 질병에 대한 치료책을 찾는 데 어려움을 겪고 있었다.
   Medical researchers had difficulty finding a cure for an illness that put patients in a _____ of ever worsening symptoms.
   * 계속 악화되는 : ever worsening

⑧ 그 지역은 시급한 주택 문제를 해결하기 위해 지역 정부에 기금을 요청했다.
The community requested funds from the local government to solve an urgent _____.

⑨ 그 분석가는 컴퓨터로 정보를 처리하는 데 아침 시간을 보냈다.
The analyst spent the morning _____.

⑩ 그 가수는 고아들을 위해 무료 라이브 공연을 선사했다.
The singer gave a free _____ for the orphanage.
    ∗ 고아, 고아원 : orphanage

⑪ 그의 연구는 대중 매체가 어떻게 유명 인사들의 삶에 영향을 미치는가에 관한 내용을 포함했다.
His research involved how _____ affects the lives of celebrities.

⑫ 그 사교계의 명사는 고급 미술품 전시장에서 열릴 미술 전람회를 기획하는 데 상당 부분의 시간을 보냈다.
The socialite spent much of her time planning _____ at expensive galleries.
    ∗ 사교계 명사 : socialite

⑬ 그 자동차 수리점은 마을에서 제일 비쌌지만, 그곳의 기술자가 확실히 최고는 아니었다.
The _____ shop was the most expensive in town, but its mechanics were not necessarily the best.

⑭ 텔레비전 드라마를 보는 것이 그의 일상적인 습관은 아니었지만, 호기심에서 오늘 아침에 한편을 보았다.
It was not his usual habit to view _____, but he watched one this morning out of curiosity.
    ∗ 호기심에서 : out of curiosity

⑮ 그는 부하 직원들의 잘못을 책망함으로써 체면을 세우려고 노력했다.
He tried to _____ by blaming the errors on his subordinates.
    ∗ 부하, 하급자 : subordinate

Hackers Writing Start [**5일 Daily Test**]

❶ 과거에 아시아 문화는 효도라는 자질을 강조했다.
　＊ 강조하다 : emphasize

❷ 진보는 종종 이로움을 줄 수도 있고 해를 끼칠 수도 있는 것으로 여겨진다.
　＊ ~로 여겨지다 : be viewed as ~

❸ 우주 개발 프로그램 역시 지구의 문제 중 일부를 해결할 수 있는 기술을 개발할 수 있다.

❹ 오늘날의 사회에서 문맹자가 되는 것은 당신을 매우 불리한 조건에 처하게 한다.
　＊ A를 B에 처하게 하다 : put A at B

❺ 이메일과 싼 국제 전화료(global calling rates)를 통해서 보통 사람들에게 국제적인 의사 소통이 가능하게 되었다.

❻ 학생들은 인터넷을 최신 정보와 뉴스를 찾는데 사용 할 수 있다.

❼ 그리스는 풍부한 문화 유산과 역사로 주목 받는 나라이다.
　＊ ~로 주목 받다 : be highlighted by ~

❽ 비전통적인 학습 방식이 일반적인 교실보다 더 효과적인 것으로 입증되기도 한다.
　＊ 일반적인 교실 : regular classroom

❾ 예를 들어, 우리 아버지는 자신의 인생에 수정을 가하도록 하는 원인이 되는 것은 무엇이든지 싫어한다.
　＊ A가 ~하는 원인이 되다 : cause A to 부정사

⑩ 나는 유교적 윤리의 원리(principle)를 공부하는데 늘 관심이 있었다.

⑪ 최첨단 기술은 많은 세계 문화들을 함께 연결시키는데 중대한(vital) 역할을 한다.
  * 연결시키다 : link

⑫ 어떤 사람들은 습관의 동물이고, 반면에(while) 다른 사람들은 변화를 수용한다.
  * 변화를 수용하다 : come to embrace change

⑬ 정보 기술은 사람들이 삶을 살아가는 방식을 완전히 혁신 시켰다(revolutionize).

⑭ 자동차 산업은 환경에서 발견되는 대기 오염의 대부분에 책임이 있다.
  * ~에 책임이 있다 : be responsible for~

⑮ 자연스럽게, 아이들은 모국어를 말하는데 더 편안함을 느낄 것이다.
  * 더 편안함을 느끼다 : feel more comfortable

정답 p. 272

5일 Daily Test

[6일 ──── 직업, 돈, 사업, 경제]

overview

6일에는 돈이나 직업과 관련된 주제를 다루는 topic에서 사용할 수 있는 표현들을 배운다. 인간의 경제 활동에 관한 생각이나 의견을 묻는 문제에서 활용할 수 있다.

---

1 연간 생산량, 연간 산출량   annual output

포드는 **연간** 7백만대의 자동차 **생산량**을 가진 세계에서 가장 큰 자동차 회사 중의 하나이다.
Ford is one of the largest car companies in the world, with an **annual output** of 7 million vehicles.

2 직업을 구하다   find employment

대학에 다니면서 어느 정도의 직업 경험을 가졌기 때문에, 그가 **직업을 구하는 것**은 어렵지 않았다.
Having obtained some work experience during his university days, it was not difficult for him to **find employment**.

3 노동력, 노동인구   work force

불경기 때문에, 많은 회사들이 **사내 노동력**을 감축 해야만 했다.
Due to the slow economy, many companies have had to downsize their **work force**.
≫ 불경기 : slow economy

4 직무 내용서   job description

좋은 **직무 내용서**는 고용하는 회사가 기대하는 자질과 책임을 명확하게 나타낼 것이다.
A good **job description** will clearly list the qualifications and responsibilities expected by the hiring company.

5 구직자   job seeker

임시 직원 소개소는 **구직자**들이 일을 찾는데 매우 유용할 수 있다.
Temp agencies can be very useful in helping **job seekers** find work.

6 견습의 지위　entry-level position

견습의 지위는 경험을 거의, 또는 전혀 요구하지 않기 때문에, 십대들이 대개 그 자리를 채운다.
Teenagers usually fill **entry-level positions** because they require little or no experience.

7 현장 연수, 직장 내 훈련　on-the-job training

회사들은 그들의 새 직원을 훈련하기 위해 **현장 연수** 프로그램을 개발해 왔다.
Companies have developed **on-the-job-training** programs to train their new employees.

8 실업률　unemployment rate

그 도시의 **실업률**은 국가 내에서 가장 높은 수준에 있다.
The **unemployment rate** for the city is among the highest in the nation.

9 성과급 제도　performance-based pay system

직업 운동 선수들은 정기적으로 **성과급 제도**에 따라 보상 받는다.
Professional athletes are routinely compensated on a **performance-based pay system**.
》 ~에 따라 보상 받다 : be compensated on ~
》 정기적으로 : routinely

10 물질적 부　material prosperity

사람들은 **물질적 부**가 삶에서 행복을 가져다 줄 것이라고 잘못 믿고 있다.
People mistakenly believe that **material prosperity** will bring happiness in life.

11 세입　tax revenues

그 나라는 더욱 국제적인 사업을 유치하기 위해 **세입**을 감소시켜 왔다.
The country has decreased **tax revenues** in order to attract more international business.

12 경제적인 시련　financial hardship

돈을 저축하는 것은 당신이 발생할 지 모르는 **경제적인 시련**에 대비하게 한다.
Saving money prepares you for any **financial hardships** that may arise.

13 은행 계좌　savings account

매달 너의 급료의 최소 10%를 **은행 계좌**에 저축해두는 것은 좋은 생각이다.
It is a good idea to put at least ten percent of your paycheck into a **savings account** each month.
》 적어도 : at least

14 전자 뱅킹　**electronic banking**

몇몇 사람들은 **전자 뱅킹**의 보안상의 위험에 대해 걱정한다.
Some people are concerned about the security risks of **electronic banking**.
>> ~에 대해 걱정한다 : be concerned about ~

15 (직업 등을) 유지하다, 지속하다　**hold down**

아르바이트를 계속 **유지**하면서 최대 학점의 수업을 수강하는 내 친구에게는 시간이 별로 없었다.
Holding down a part-time job and taking a full-course load has left little time for my friends.
>> 신청할 수 있는 최대 학점 수강 : full-course load

16 손실을 메우다　**make up the loss**

위험 있는 책임 부담으로부터 **손실을 메우는** 것은 더 큰 위험을 수반할 지도 모른다.
Making up the loss from a risky undertaking may entail more risk.

17 빚이 쌓이다　**run up debt**

이제 막 시작한 회사들이 사업을 일으키기 위해 노력하는 과정에서 거대한 **빚이 쌓인다**.
Start-up companies **run up** enormous **debt** trying to get their businesses off the ground.
>> (사업을) 일으키다, ~을 진척시키다 : get ~ off the ground

18 비용을 분담하다　**split the cost**

내 형은 부모님을 위한 기념일 선물 **비용을 분담**하자고 제안하였다.
My brother offered to **split the cost** of an anniversary gift for our parents.

19 넉넉하게 살다　**make a good living**

그 여자는 대학 학위를 갖고 있지 않음에도 불구하고, 그럭저럭 **넉넉하게 살게 되었다**.
The woman managed to **make a good living** despite not having a college degree.

20 예산을 초과하다　**beyond budget**

공사 연기는 비용이 원래 **예산을 초과**하여 증가하도록 만들었다.
Construction delays have caused costs to rise **beyond** the original **budget**.
>> A가 ~하도록 야기시키다 : cause A to 부정사

21 ~에 투자하다　**invest money in ~**

지금 당장 주식 시장에 돈을 **투자하는** 것은 위험한 계획이다.
It is a risky proposition to **invest money in** the stock market right now.

22 부유한 well-off / better-off

대다수의 **부유한** 사람들은 더 나은 학교 체계와 조용한 주변 환경 때문에 교외로 이동한다.
A majority of **well-off** people relocate to the suburbs because of better school systems and quiet neighborhoods.

[직업, 돈, 사업, 경제] 표현 모음

직업 시장	job market
노동 시장	labor market
틈새 시장	niche market
업계 선두	market leader
시장의 요구	market demand
홍보 정책	marketing policy
자유 시장 원리	free market principle
유망한 직업	promising job
평생 고용	lifetime employment / lifelong employment
직업적 성취, 만족	career fulfillment
사무원, 회사원	office worker
근무 환경	work environment
부업	extra job
육체 노동	manual labor
업무 평가	job evaluation
직무 성과	job performance
직업 만족도	job satisfaction
직업 요구 조건	job requirement
직업의 안정성	job security
높은 임금	high wage ↔ low wage
고소득의 직업	well-paying job / high-paying job
전문적인 일	professional task
직업적 이유	employment reasons
일을 그만 두다	leave a job
정규직	full time position
강한 직업 의식	strong work ethic
파트 타임으로 일하다	work a part-time job
근속 연수에 기반한 급여 체계	seniority-based pay system
승진	position raise / promotion
(회사에서의 급여 이외의) 부대 혜택	fringe benefits
취업하다	enter the workforce

고용 기회	employment opportunity
경력을 쌓다	build a career
고용된	on the payroll ↔ off the payroll
경제 활동	economic activity
번창하는 사업	prosperous business
직물 산업	textile manufacturing
목재 산업	timber industry
대규모 생산	mass production
기업 규모 축소, 직원 감축	company downsize
사업주, 사업가	business owner
증가된 경쟁	increased competition
고객 만족	customer satisfaction
엄격한 예산 책정	strict budgeting
예산 삭감	budget cutback
금전적 제약	monetary constraints
금전적 수입	monetary gain
1인당 소득	per capita income
잠재적인 비용	potential costs
생활비	living cost / cost of living / life's expense
생계비를 벌다	earn one's living
생계를 유지하다	make a living
수입과 지출을 맞추다	make ends meet
월 예산	monthly budget
비용이 적게 드는 여가 활동	low-cost recreation
(고정 비용 외의) 임시 비용	incidental expense
이자율	interest rate
비용 효율적인 체계	cost-effective system
기부금	monetary contribution
소매가	retail price
공공 재산	public property
지역 사업	local business

직업, 돈, 사업, 경제

[직업, 돈, 사업, 경제] 표현 모음

지방세	local taxes
지역 경제를 촉진하다	stir local economy
정부 대출금	government loan
정부 보조금	government subsidy
세금으로 지원되는 보조금	tax-funded subsidy
유지비용	maintenance costs
적립금	reserve fund
구호 자금	relief fund
부가 가치세	value added tax
가치 있는 자산	valuable assets
사업을 일으키다	get a business off the ground
회의를 소집하다	set up a conference
~에게서 최고의 성과를 끌어내다	get the best performance out of ~
특정한 자격을 갖추다	meet certain qualifications
예산을 파악하다	figure out a budget
예산을 조정하다	accommodate a budget
이득을 얻다	reap the benefit
용돈을 아끼다	save up allowance
전액 환불 받다	get a complete refund
비용만큼 가치가 있다	worth the cost
빚을 안 갚다	default on a loan / default on a debt
청렴함을 손상시키다	compromise one's integrity
근무 중인	on duty ↔ off duty
물류 비용	logistic expenses
소비 습관	spending habits
돈에 의해 좌우되는	money driven
복권 당첨자	lottery winner
광고 수익	advertisement revenue
~의 느슨함을 죄다, 속도를 올리게 하다	pick up one's slack
경기가 안 좋은 때에	in the slow economy
생산성을 저하시키다	discourage productivity

유연성	flexibility
단기 수익	short-term profits
벤처 사업	business venture
국제 기업	global company
헌신적인 직원	committed employee
일에 대한 헌신	commitment to a job
대기업을 움직이는 거물	corporate tycoon
더 많은 초봉	greater starting salary
더 큰 수익을 내다	generate more income
품질이 뛰어난 물건	high caliber
조립 라인	assembly line
생산비	cost of production
국제 경제	global economy
더 높은 가격을 부과하다	charge higher prices
공공 요금	utility bills
수요가 매우 높다	be in great demand
불경기	slow economy
경기 호황	economic boom
경제 성장을 촉진하다	foster economic growth
금전 거래	monetary transaction
빚을 갚다	pay back a loan
공짜로	for free
돈에 의해 이끌어진 태도	money-driven attitude
자본주의 사회	a capitalist society
국제 자본주의	global capitalism
금전적인 상황	financial situation
임금 인상	a pay raise ↔ a pay cut
충동 구매	impulse buy

직업, 돈, 사업, 경제

6일 Daily Check-up

① 위원회는 예산 감축이 발표된 후, 예산을 재책정하는 데 일주일을 다 보냈다.
The committee spent an entire week reworking the budget after the _____ _____ was announced.

② Connecticut은 일인당 소득이 New York City보다 더 높다.
Connecticut has a higher _____ than New York City.

③ 그 회사는 고객 만족을 강조한 덕분에 성공할 수 있었다.
The company became successful because of its emphasis on _____.

④ 경기 침체기에는 많은 외국인들이 생계를 유지하기가 더 어려워졌다.
During the recession, it became harder for many foreigners to _____.
  ∗ 경기 침체 : recession

⑤ 그는 휴학을 한 뒤, 등록금의 전액 환불을 신청했다.
He applied to _____ of his tuition fees after obtaining his leave of absence.
  ∗ 휴학, 휴가 : leave of absence

⑥ 비정부기구는 그들의 활동에 대한 자금 조달에 도움이 될 기부금을 받았다.
The non-government organization accepted _____ to help fund its activities.
  ∗ 비정부기구(NGO) : non-government organization

⑦ 그 근무 환경은 대부분의 사람들에게 스트레스를 준다.
The _____ is stressful for most people.

⑧ 그녀는 충동 구매를 피하고 싶은 동안에는 쇼핑을 아예 피했다.
She avoided shopping while she was hungry to stave off_____.
  ∗ 피하다, 저지하다 : stave off

⑨ 그는 자신의 사업을 번창시키기 위해 개업 파티를 열었다.
To _____ his _____, he held an opening day party.

⑩ 그 옥 조각들은 매우 품질이 뛰어난 것으로 밝혀졌다.
The jade pieces were discovered to be of very _____.
* 옥, 비취 : jade

⑪ 그 학생들은 이용할 수 있는 가장 일반적인 채용 공고가 무엇인지 결정하기 위해 구직 시장을 꼼꼼하게 확인했다.
The students carefully checked the _____ to determine what were the most common job openings available.

⑫ 학생들은 취업 준비에 자신들의 시간의 상당 부분을 할애한다.
Students spend much of their time on _____.
* ~의 시간의 상당 부분 : much of one's time

⑬ 직장을 잃은 후, 그는 위기를 극복하기 위해 단지 육체 노동밖에 찾지 못했다.
After he lost his office job, he found nothing but _____ to tide him over.

⑭ 그녀의 가계 예산은 임시 비용을 고려하지 않았다.
Her house budget did not allow for _____.

⑮ 자유 시장 원칙은 개인이 자신의 노력으로 얻는 것은 무엇이든 가질 권리가 있다고 한다.
The _____ states that a person is entitled to whatever he acquires through his own efforts.

정답 p. 272

Hackers Writing Start [**6일 Daily Test**]

❶ 한가지 잘못된 결정으로부터 오는 손실을 메우는 데는 굉장히 많은 시간이 요구될 것이다.
   * -하는 데 ~가 요구될 것이다 : it may require ~ to 부정사구   * (양) 많은 : a great deal of

❷ 농업 연구는 농작물의 연간 산출량을 크게(significantly) 증대시킬 수 있다.

❸ 친구와 같이 여행을 하면, 음식과 숙박 시설(accommodations) 비용을 분담할 수 있다.

❹ 나는 재정적으로(financially) 더 안전하다는 점 때문에 내 돈을 집에 투자하고 싶다.
   * ~하고 싶다(~하는 편이 낫겠다) : would rather

❺ 도시에서 넉넉하게 살기가 더 쉽기 때문에 대부분의 사람들이 도시에 머무른다.

❻ 대학생들은 재학 중에 빚이 쌓이는 함정(trap)에 종종 빠지곤 한다.

❼ 구직자로서, 나는 나의 필요에 가장 잘 맞는(suit) 종류(type)의 회사를 선택하겠다.

❽ 고용주(employer)를 위해 일하는 동안, 현장 연수가 제공되고, 건강 관리에 대한 비용이 지불된다.
   * 건강 관리 : health care   * ~에 대해 지불하다 : pay for

❾ 대부분의 사람들은 단지 생활비를 위해 돈이 필요하기 때문에 그들이 멸시하는(despise) 직업을 계속해서 유지한다.   * 단지 ~ 때문에 : simply because 주어 + 동사

❿ 정부는 많은 우주 탐사 프로그램에 자금을 대기 위해 세입에 의존한다.
　＊~에 의존하다 : depend on　　＊자금을 대다 : fund

⓫ 나는 경제적인 시련에 대한 가능성(possibility)을 줄이기 위해, 돈을 많이 버는 일자리에서 오랜 시간 일하는 것이 더 좋다.

⓬ 노동인구 중 대부분의 사람들은 자신의 일을 즐기지 않는다.

⓭ 그 가정(assumption)은 그러한 성과급 제도가 더 나은 교사들을 배출해 내리라는 것이다.
　＊배출하다 : produce

⓮ 여하튼, 긴급하게 필요한 상황에 대비해서 은행 계좌에 최소한의 저금을 해놓는 것이 신중한 것이다.
　＊~하는 것이 신중한 것이다 : It is prudent to 부정사　　＊긴급하게 필요한 사항에 대비해서 : for emergency needs

⓯ 가정이 부유하지 못한 학생들은, 집에서 첨단 기술을 이용해서 공부하는 데 있어 어려움(obstacle)에 직면하게 될 것이다.　＊직면하다 : face　　＊첨단 기술 : high technology

Hackers Writing Start

❶ 내 생각에는, 모든 사람들에게 고등 교육을 추구할 기회가 주어져야만 한다.
　＊ ~할 기회가 주어지다 : be given the opportunity to 부정사구

❷ 의사 소통하는데 이메일을 이용하는 것의 가장 큰 문제는 그것이 극히 비인간적이라는 것이다.

❸ 나는 아이들이 어린 나이에 집안일을 한다는 생각에 매우 찬성한다.
　＊ 어린 나이에 : at an early age

❹ 일반적으로 인정되는 바와 같이, 십대들이 학교에 다닐 때 시간제 직업을 유지하는 것에는 단점(drawbacks)이 있다.

❺ 내 생각에는, 우주 개발의 장점은 단점을 훨씬 능가한다.

❻ 결과적으로, 지난 세기에 기대 수명은 크게 증가했다.
　＊ 크게 증가하다 : increase greatly

❼ 이러한 이유로, 나는 매달 내 월급(paycheck)의 일부를 은행 계좌로 떼어 놓는다.
　＊ A를 B로 챙겨두다, 제쳐두다 : set aside A into B　　＊ ~의 일부 : a portion of ~

❽ 건강을 유지하는 좋은 방법 한가지는 역기(weights)를 드는 것이다.

❾ 나라면, 통근자들(commuters)을 위해 교통 정체를 완화하기 위해 도로를 더 건설하는데 돈을 쓰겠다.
　＊ 완화하다, 늦추다 : ease

3rd week | Review Test

10 물질적인 부가 성공의 정의라고 가정해 보자.

11 예를 들어, 연장자에게 절하는 것은 내가 여전히 행하고 있는 나의 모국의 풍습이다.
  * 연장자에게 절하다 : bow to one's elders   * 행하다 : practice

12 연구 결과는 간접 흡연이 많은 호흡기 질환의 원인이라는 사실을 지적한다.

13 나의 경험으로 미루어 볼 때, 관계에서 믿음을 쌓는 데는 수년이 걸릴 수도 있다.
  * 수년이 걸리다 : take years

14 모든 상황을 고려해 볼 때, 나는 팀을 이루어 일하는 것보다 단독으로 일할 수 있는 것이 더 중요하다고 생각한다.   * 단독으로 일하다 : work individually

15 더 싼 비용 이외에도, 동반자와 함께 여행할 때 개인적인 안전의 문제가 덜 걱정된다.
  * 덜 걱정되다 : be less worrisome

정답 p. 273

실수 클리닉 3

Hackers Writing Start

수 일치

1 동사의 수 일치 I

주어가 3인칭 단수이면 동사에 s를 붙이는 것, 1, 2인칭이나 복수이면 그대로 쓰는 것은 동사에 있어서 너무나 기본적인 원칙임에도 불구하고 영작할 때 학생들이 가장 많이 실수를 저지르는 부분입니다.

I think he behaved arrogantly and were bent on starting on the war.

were의 주어는 he이므로 was가 되어야 합니다.

정답 | were ⇨ was

2 대명사의 수 일치

마찬가지로 기본 문법이지만, 작문을 할 때는 혼동하기 쉬운 부분입니다. 대명사를 쓸 때, 원래 지칭하는 명사의 수와 인칭에 일치를 시켜야 합니다.

My roommate and his friends kept me up till 4 AM with his loud music.

음악으로 시끄럽게 했던 사람은 룸메이트 한 사람이 아니고 그 친구들도 포함됩니다. 문장에서 전체 주어와 일치시켜야 하므로, his를 their로 고칩니다.

정답 | his ⇨ their

3 동사의 수 일치 II

'All (that) 주어 + 동사' 전체를 주어로 할 때 동사는 단수가 됩니다.

All I want to do are make money, not study.

'내가 하고 싶은 일'이 여러 가지가 있다 하더라도, 이것은 개념적인 의미로 받아들여 단수로 처리해야 합니다. are가 아니라 is가 되어야 합니다.

정답 | are ⇨ is

4th week

Hackers Writing Start

[에세이 쓰기]

Introduction

1일		구조 잡기 1
2일		구조 잡기 2
3일		서론 쓰기
4일		본론 쓰기
5일		결론 쓰기
6일		실전 연습

Review Test

실수 클리닉 4

INTRO 4th week | 에세이 쓰기

지난 3주 동안 글쓰기의 기본이자 핵심이 될 문장 연습을 충실히 해 왔다면, 이제 남은 것은 하나의 글을 조직하여 완성하는 훈련이다. 건물을 지을 때 우선 골조를 튼튼히 세운 후에 미장을 하는 것과 마찬가지로, 글의 논리와 흐름을 잡아 주는 뼈대, 즉 구조를 세우고, 적절한 문장들로 살을 붙이면 된다.

1. 에세이를 시작하기 전에

몇 개의 단락이 적당할까?
비교적 짧은 영어 에세이는 5개의 단락, 즉 서론 1단락, 본론 3단락, 결론 1단락이 적절하나, 아직 문장 연습 단계에 있는 대부분의 우리 나라 학생들의 사정을 감안할 때 본론을 2단락으로 작성하여 완결된 에세이를 작성할 것을 권한다. 단락의 개수나 분량보다는 얼마나 좋은 내용으로 글을 잘 구성하였느냐가 더 중요하다는 것을 명심하자.

단락은 어떻게 시작할까?
단락을 시작하는 방법은 세 가지가 있다.

첫번째 방법은, 두 칸을 띄우고 시작한 후, 그 단락이 끝나면 한 줄을 띄우고 다시 두 칸을 띄운뒤 그 다음 단락을 시작하는 방법이다.

두번째 방법은, 다섯 칸을 띄우고 시작한 후, 그 단락이 끝나면 그 다음줄에 다시 다섯칸을 띄우고 그 다음 단락을 시작하는 방법이다.

세번째 방법은, 다섯 칸을 띄우고 시작한 후 그 단락이 끝나면 한 줄을 띄우고 다시 다섯 칸을 띄운 뒤 그 다음 단락을 시작하는 방법이다.

2. 에세이 작성을 위한 구조 잡기

가장 기본적이며 중요한 에세이의 시작은 바로 문제의 분석이다. 문제의 유형별로 요구하는 에세이의 전개 방법에 차이가 있기 때문에 이 부분을 잘 훈련해 두어야 한다. (1일과 2일에서 집중적으로 연습할 것이다.)

문제 분석이 끝나고 에세이를 전개해 나갈 방향과 방법이 잡혔다면, 질문에 대한 답이 되는 아이디어의 큰 덩어리를 중심으로 서론, 본론, 결론의 큰 틀을 만들어 본다. 세부적인 아이디어를 떠올려 이 틀의 적절한 곳에 배열하여 전체 내용의 아웃라인을 잡는다. 이제 남은 일은 서론, 본론, 결론 각 단락을 완전한 문장들로써 완성하는 것이다. 그 전에 각 단락이 반드시 가져야 할 구조적인 특성을 살펴보아야 한다.

3. 이상적인 에세이의 전체 구조

에세이의 전체 구조란, 간단히 서론, 본론, 결론이다. 서론은 앞으로 전개할 중심내용과 주제를 소개한다. 본론에서는 서론에서 소개한 것에 대한 근거와 이유 등을 들어 타당성을 뒷받침하는 내용이 등장한다. 결론에서는 서론과 본론의 내용을 요약, 강조하여 재진술한다. 일단 에세이 구조의 큰 그림을 머리 속에 그려 두고 시작 하자.

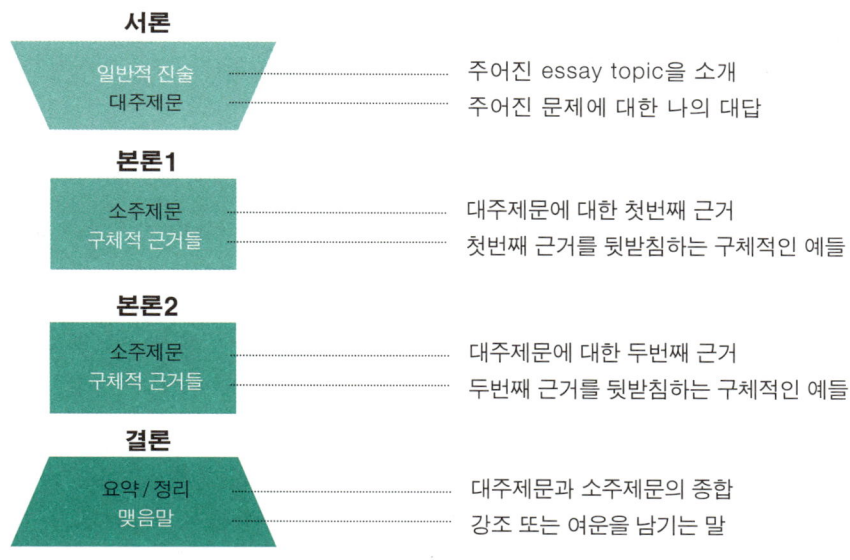

4주에서는 구체적으로 아이디어를 구성하고 글의 틀을 잡는 연습을 한 뒤, 세부적으로 그 틀에 맞춰 서론, 본론, 결론의 각 단락을 써 본다. 마지막 날에는 지금까지 연습한 모든 작문 기술들을 실전에 응용할 수 있도록 종합적인 훈련을 하겠다.

Hackers Writing Start

[1일 ──────── 구조 잡기]

overview

주제가 확실히 드러나고, 일관성과 통일성이 지켜지는 좋은 글을 쓰기 위해서는 처음부터 글 전체의 구조를 잘 잡아 두어야 한다. 구조 잡기란 아이디어의 큰 틀을 만들어 두는 것으로 문장 쓰기 자체보다는 쉬울 수도 있지만, 에세이의 topic 유형에 따라 다르게 접근해서 구조를 잡아야 하기 때문에 유형별 구조 잡기에 대한 훈련이 필요하다. 우선 1일에서는 선호형 문제, 비교 대조형 문제, 설명형 문제 유형에 대한 구조 잡기 연습을 한다.

01 선호형 문제(Preference Question Type)

선호형 문제란 두 가지 관점이나 항목을 제시하고 그 중 자신이 선호하는 한가지를 선택할 것을 요구하는 유형의 문제이다. 예를 들어, **"혼자서 공부하는 것과 스터디 그룹에서 공부하는 것 중에서 어느 것을 더 선호하는가?"** 와 같은 내용과 형식으로 나타난다.

● 구체적으로 문제에 다음과 같은 어구가 있으면 선호형 문제로 판단할 수 있다.

- **Would you prefer to ~?**
- **Which do you prefer?**
- **In your opinion, which is better?**
- **Some prefer ~. Others prefer ~. Which do you prefer ~?**

선호형 문제의 구조 잡는 법

● 한 쪽만 선택하여 지지하라.

자신이 선호하는 쪽 하나를 선택해서 써라. 중립적인 입장을 절대로 취해서는 안된다는 것은 아니나, 자칫 주제가 없는 모호한 글이 될 위험이 있고, 구조를 잡는 것 또한 까다롭기 때문에 되도록 피한다.

● 선호하는 쪽의 장점, 즉 선호하는 근거를 본론에 제시하라.

자신이 선호하는 쪽의 장점 각각이 본론 각 단락을 이루거나 선호하는 쪽의 장점과 선호하지 않는 쪽의 단점이 본론 각 단락을 이루게 된다. 예를 들어, **"혼자서 공부하는 것과 스터디 그룹에서 공부하는 것"** 중에서 **나는 스터디 그룹에서 공부하는 것을 선호한다**로 방향을 잡게 되면 본론은 다음과 같이 구성될 수 있다.

I. ┌ 본론 1 - 스터디 그룹 학습의 장점 1
   └ 본론 2 - 스터디 그룹 학습의 장점 2

II. ┌ 본론 1 - 스터디 그룹 학습의 장점
    └ 본론 2 - 혼자서 공부하는 것의 단점

선호형 문제의 구조 잡기 연습

다음과 같은 선호형 문제에서 에세이의 구조를 어떻게 잡아야 하는지, 다음의 단계를 따라가 보자.

Students today can choose to study at home through an online course program or enroll in a conventional school. **Which do you prefer?** Explain why and give details to support your preference.

Step 1. 문제 분석
온라인 교육 프로그램을 통해 집에서 공부하는 것과, 전통적인 방법으로 학교에서 공부하는 것 중 어느 것을 선호하는지를 묻는 선호형 문제이다.

Step 2. 아웃라인 잡기
- '전통적인 방법을 선호한다' 로 일단 방향을 설정한다.
- 전통적인 방법을 선호하는 이유, 즉 학교에서 공부하는 것의 장점을 떠올려 본다.

   1. 토론 수업의 장점
   2. 다양한 학습 자료 이용

이 두 가지 장점을 서론, 본론, 결론의 논리적 구조를 통해 순서대로 배열하되, 본론 단락의 나머지를 이루어야 할 세부 사항을 떠올려 덧붙여 본다.

서론	• 나는 토론 수업의 장점이 있고 다양한 학습 자료를 이용 가능한 전통적인 학교 수업을 선호한다.
본론1	• 전통적 학교는 수업 시간에 토론에 참여할 기회를 학생들에게 제공하기 때문에 좋다. 　- 생각을 나눌 수 있음 　- 다른 학생들으로부터 배울 수 있음 　- 사교나 의사소통 기술을 향상시킴
본론2	• 학생들은 학교에서 더 많은 학습 자원을 맘껏 이용할 수 있다. 　- 선생님을 방문 　- 도서관에서 독서를 하거나 조사할 수 있음 　- 공부하기 좋은 장소들
결론	• 이러한 이유로 나는 전통적인 학교에서의 공부 방법을 선호한다.

02 | 비교 대조형 문제 (Compare/Contrast Question Type)

비교 대조형 문제는 크게 두 가지 유형으로 나누어 지는데, 첫째는 두 개의 항목이나 의견이 주어지고 그 장단점을 비교한 후 어느 쪽을 선호하는 지의 이유를 작성하도록 요구하는 유형의 문제이다. 예를 들면, **"책으로 배우는 지식과 경험에서 얻는 지식의 장단점을 비교하라"**와 같은 내용과 형식으로 나타나는 문제들이다. 두번째는 한 가지 사안을 제시하고, 그것의 장단점을 비교하라는 유형으로, **"이웃 지역에 새로 대학이 들어설 때의 장단점을 비교하라"**와 같은 형태의 문제들이다.

- 구체적으로 문제에 다음과 같은 어구가 있으면 비교 대조형 문제로 판단할 수 있다.

    - **Compare the advantages and disadvantages of ~**
    - **Compare these views.**
    - **Compare and contrast ~**
    - **Discuss the advantages and disadvantages of ~**
    - **Compare these two choices.**

 비교 대조형 문제의 구조 잡는 법

- 문제 형태를 잘 분석하고 비교의 방법을 적절히 사용하라.

    비교 대조형 문제는 유형에 따라 다른 비교 방법을 사용해야 하기 때문에, 문제를 잘 이해하고 다음 중에서 적절한 방법을 선택하여 비교를 해 주어야 한다.

    Ⅰ. 두 가지 대상 (책에서 익힌 지식과 경험에서 얻은 지식)을 제시하고 둘을 비교
      1. 비교 포인트 중심
         - 본론 1 — 지식의 양에 대하여 책과 경험을 비교
         - 본론 2 — 지식의 질에 대하여 책과 경험을 비교

      2. 비교 대상 중심
         - 본론 1 — 책에서 익힌 지식의 장단점에 대하여 서술
         - 본론 2 — 경험에서 얻은 지식의 장단점에 대하여 서술

    Ⅱ. 동일 대상 (근처에 새로 대학이 들어서는 것)의 장단점 비교
      1. 비교 포인트 중심
         - 본론 1 — 대학이 들어서는 것의 환경적 영향에 대한 장단점 서술
         - 본론 2 — 대학이 들어서는 것의 경제적 영향에 대한 장단점 서술

      2. 장점 - 단점 중심
         - 본론 1 — 대학이 들어서는 것의 장점 서술
         - 본론 2 — 대학이 들어서는 것의 단점 서술

- 문제에서 의견을 요구할 경우 비교에만 그치지 말고 자신의 입장을 밝혀라.

    '비교해 본 결과, 나는 ~가 더 좋다고 생각한다' 등의 의견 제시를 잊지 않도록 한다. 사실 비교 대조형 문제에서 무엇을 선호하는지에 대한 입장도 함께 묻는 경우가 많다. 마지막 결론 부분에서 자신의 입장을 정리해준다.

비교 대조형 문제의 구조 잡기 연습

다음과 같은 비교 대조형 문제에서 에세이의 구조를 어떻게 잡아야 하는지, 다음의 단계를 따라가 보자.

When people settle in another country, some may adopt the customs of the country. Others may stick to the customs of their native country. **Compare these two choices.** Which would you choose? Explain why and provide details.

Step 1. 문제 분석

다른 나라에 정착할 때, 어떤 사람들은 새로운 나라의 관습들을 따르려고 하고, 어떤 사람들은 모국의 관습을 지키고 싶어하는데, 이 두 가지를 비교하라는 비교 대조형 문제이다. 두 가지 항목이 제시된 비교 유형이고, 어느 것을 선호하는지 자신의 의견도 밝혀야 하는 문제이다.

Step 2. 아웃라인 잡기
- '새로운 나라의 관습들을 따르는 것이 좋다' 로 방향을 설정한다.
- 본론 각 단락에서 두 항목의 장단점을 서술하는 비교 형식으로 일단 뼈대를 세워 본다.

  1. 새 나라의 관습을 따를 때의 장단점
  2. 모국의 관습을 지킬 때의 장단점

서론, 본론, 결론의 순서로 논리의 흐름을 잡아 보고, 본론 단락의 나머지를 이루어야 할 세부 사항을 떠올려 덧붙여 본다.

서론	• 나는 다른 나라에 정착할 때, 그 나라의 새로운 관습을 따르는 것이 좋다고 생각한다.
본론1	• 새 나라의 관습들을 따르게 되면, 사람들은 새로운 주위 환경에 빨리 적응할 수 있다 　- 친구들을 사귀고 어울리기가 더 쉬움 　- 문화적·사회적 규범을 더 잘 이해하게 됨 　- 언어를 더 빨리 익히게 됨 　- 로마에서는 로마법을 따르라
본론2	• 어떤 사람들은 새로운 관습을 따르기보다 모국의 관습을 지키고 싶어한다. 　- 모국어를 잊지 않고 쓰게 됨 　- 가족 간의 유대가 강화됨 (부모와 자식간의 분열이 적어짐) 　- 모국의 문화를 잃어버리지 않음
결론	• 모국의 관습을 지키는 것도 장점이 있기는 하지만, 새로운 관습을 따를 경우 가지게 될 장점들이 내게는 더욱 중요하게 생각되므로, 나는 새 관습을 따르겠다.

03 | 설명형 문제 (Explanation Question Type)

설명형 문제란 어떤 진술을 제시해 주고, 이 진술에 대한 이유를 본인이 생각해 내어 서술할 것을 요구하는 유형의 문제이다. 예를 들어, "오늘날 일반적으로 사람들이 더 오래 살게 되었는데, 그 이유를 논하라"와 같은 유형으로 나타나는 문제이다.

- 구체적으로 문제에 다음과 같은 어구가 있으면 설명형 문제로 판단할 수 있다.

  · **Why do you think ~?**
  · **Discuss one or more of these reasons.**
  · **Why is ~ important to – ?**
  · **Explain why ~.**

 설명형 문제의 구조 잡는 법

- 객관적인 근거를 제시하라.
  주어진 진술의 진위 여부나 지지 혹은 반대를 언급해서는 안되고, 진술이 사실이라는 가정 하에 그 진술을 뒷받침하는, 모든 사람이 납득할 만한 객관적인 예를 들어가며 전개해 나간다.

- 주어진 진술에 대한 이유로 본론을 구성하라.
  오늘날 사람들이 더 오래 살게 된 이유를 크게 두 가지로 생각했다면 차례대로 본론 단락을 구성하고, 그 안에 그 구체적인 근거를 제시한다.

  ┌ 본론 1 – 더 오래 살게 된 이유 1
  └ 본론 2 – 더 오래 살게 된 이유 2

- 적절한 예를 들어 구체적으로 이유를 제시하라.
  진술의 확실성이 보장될 만한 설득력 있는 근거를 제시하는 것이 중요하다.

설명형 문제의 구조 잡기 연습

다음과 같은 설명형 문제에서 에세이의 구조를 어떻게 잡아야 하는지, 다음의 단계를 그대로 따라가 보자.

When traveling to other cities or countries, people like to visit museums. **Why do you think travelers go to museums?** Explain why and give details and examples.

Step 1. 문제 분석
사람들이 새로운 도시나 국가를 여행할 때 왜 박물관에 가는지 그 이유를 생각해 보고, 구체적인 예를 들어 이유와 근거를 설명하라는 설명형 문제이다.

Step 2. 아웃라인 잡기
- 여행할 때 박물관을 방문하는 이유 두 가지를 중심으로 본론 두 단락을 구성하기로 한다.
  1. 역사를 배울 수 있다
  2. 흥미롭다

위의 두 가지 이유을 서론, 본론, 결론의 논리적 구조를 통해 순서대로 배열하되, 본론 단락의 나머지를 이루어야 할 세부 사항을 떠올려 덧붙여 본다.

서론	• 사람들은 어떤 새로운 도시나 국가를 여행할 때, 그 지역의 역사를 배울 수 있고 흥미롭기 때문에 박물관에 많이 간다.
본론1	• 사람들은 지역의 역사를 배울 수 있기 때문에 박물관에 간다. 　　- 지역을 변화시키고 큰 영향을 주었던 사건들 　　- 지역 사람들의 문화 　　- 중요한 역사적 지표와 물건들
본론2	• 박물관 자체가 흥미롭기 때문에 많은 사람들이 박물관에 간다. 　　- 가족과 함께 나들이 갈 만한 곳 　　- 전시물에 대해 같이 대화를 나눌 수 있음 　　- 아이들을 데려가기 좋은 교육적인 장소
결론	• 이러한 이유로 사람들은 박물관에 간다.

Hackers Writing Start  [1일 Daily Check-up]

다음을 참고하여 주어진 topic에 대한 에세이의 아웃라인을 작성하시오.

[비교 대조형 문제]
Some school-age children like playing sports all the time. **Discuss the advantages and disadvantages of spending much time on sports.** Give details to support your ideas.

문제 분석 및 힌트
아이들이 운동하는 데 많은 시간을 보내는 것의 장점과 단점을 비교하라는 문제이다. 글 쓰는 이의 지지 혹은 반대 등의 의견을 묻지 않은, 순수 비교만을 요구한 문제임에 주의하자. 동일 대상 비교의 가장 쉬운 형태인 본론 한 단락에는 장점을, 다음 단락에는 단점을 설명하는 방식으로 개요를 잡는다.

서론   아이들이 운동을 하는 데 많은 시간을 보낼 때, 몇 가지 장점과 단점이 있을 수 있다. (When children spend a lot of time practicing sports, there can be several advantages and disadvantages.)

본론 1   장점

본론 2   단점

결론   결론적으로, 부모들은 아이들이 많은 여유 시간을 운동 연습을 하는 데 보내는 것의 장점과 단점을 신중하게 비교해 보아야 한다. (In conclusion, parents must carefully weigh the benefits and drawbacks of young children spending much of their free time practicing sports.)

정답 p. 274

[1일   Daily Test]

다음의 에세이 topic에 대해 쓸 글의 아웃라인을 작성하시오.

[선호형 문제]
Some people like small towns, while others think big cities are better to live in. **Which place would you prefer to live in?** Explain why and give details.

서론

본론

결론

정답 p. 274

[2일 ─────────────────── 구조 잡기 2]

> **overview**
> 1일에서 익힌 구조 잡기의 방법을 상기하면서, 찬반형 문제, 가정형 문제, 의견 제시형 문제에서는 어떻게 다르게 적용해서 쓸 것인지 연습해 본다.

01 | 찬반형 문제 (Agree/Disagree Question Type)

찬반형 문제란 하나의 진술을 제시하며 그에 대해 동의하는 지 반대하는 지를 묻는 형태의 문제이다. 선호형 문제와 함께 출제 빈도수가 가장 높지만, 다행히도 구조를 잡기가 대체로 쉽다. **"춤이 문화에서 중요한 역할을 한다"라는 진술에 찬성하는가 반대하는가?**와 같은 형식을 갖는 것이 찬반형 문제들이다.

● 구체적으로 문제에 다음과 같은 어구가 있으면 찬반형 문제로 판단할 수 있다.

- **Do you agree or disagree?**
- **Do you support or oppose?**
- **Why or why not?**
- **Do you think this is a good idea?**

찬반형 문제의 구조 전략

● 서론에서 찬성하는 지 반대하는 지 일단 밝혀라.
주어진 진술에 대한 입장을 서론에서 반드시 제시하고, 그 이유나 근거를 본론에서 자세히 서술한다. 가장 좋은 영어 에세이는 처음부터 주제를 확실히 보여 주는 글이다.

● 찬성 혹은 반대의 근거를 본론에서 적절히 나열하라.
글을 전개해 나가는 방법이 다른 유형에 비해 쉬운 만큼, 그 이유와 근거가 되는 구체적인 예들을 제시하는 것이 매우 중요하다.

┌ 본론 1 ─ 『춤이 문화에서 중요한 역할을 한다』에 찬성/반대하는 이유 1
└ 본론 2 ─ 『춤이 문화에서 중요한 역할을 한다』에 찬성/반대하는 이유 2

구조 잡기 연습

다음과 같은 찬반형 문제에서 에세이의 구조를 어떻게 잡아야 하는지, 다음의 단계를 그대로 따라가 보자.

Do you agree or disagree with the following statement? Attending a live performance (for example, a play, concert, or sporting event) is more enjoyable than watching the same event on television. Use specific reasons and examples to support your opinion.

Step 1. 문제 분석
『연극이나 콘서트, 스포츠 이벤트 등에 실제로 참석하여 관람하는 것이 같은 것을 텔레비전에서 보는 것 보다 흥미롭다』라는 진술에 찬성하는지 반대하는지의 의견을 묻는 찬반형 문제이다.

Step 2. 아웃라인 잡기
- '반대한다'의 의견으로 방향을 설정한다.
- 실제 라이브 공연의 관람이 텔레비전 시청보다 흥미롭지 않다고 생각하는 이유를 들어야 한다. 텔레비전 시청이 갖는 장점과 라이브 공연 관람의 단점으로써 주어진 진술에 대한 반대의 근거를 제시해 본다.

  1. 텔레비전 시청의 장점 — 편하다
  2. 라이브 공연 관람의 단점 — 시간이 많이 소모되고 비싸다

이 두 가지 이유를 서론, 본론, 결론의 논리적 구조를 통해 순서대로 배열하되, 본론 단락의 나머지를 이루어야 할 세부 사항을 떠올려 덧붙여 본다.

서론	• 『나는 라이브 공연 관람이 텔레비전 시청보다 더 즐겁다』라는 진술에 반대한다
본론1	• 텔레비전으로 공연을 시청하는 것이 더 편안하기 때문이다. 　- 누워서 보는 등 편안하게 즐길 수 있음 　- 공연장의 좌석은 보통 작고 불편함 　- 시야를 가로 막는 것이 없어서 좋다
본론2	• 라이브 공연을 관람하는 것은 시간이 많이 소모되고 값이 비싸다. 　- 매점이나 기념품, 주차비 등 알게 모르게 들어가는 비용이 많음 　- 많은 사람들로 북적이고 오래 기다려야 함 　- 좋은 자리는 대체로 매우 비쌈 　- 일찍 도착해야 하고 집으로 돌아오는 길에 교통 체증에 시달려야 함
결론	• 이러한 이유로 나는 라이브 공연 관람이 텔레비전 시청보다 즐겁다는 생각에 반대한다.

02 | 가정형 문제 (If Question Type)

가정형 문제란 어떠한 특수 사건이나 상황을 제시해 주고, 자신이 그러한 상황에 있다는 가정 하에 글을 전개해 나가는 유형의 문제이다. 가령, **"역사 속의 인물을 만날 수 있게 된다면 누구를 만나겠는가?"**와 같은 특수한 상황을 가정하는 형식으로 나타난다.

● 구체적으로 문제에 다음과 같은 어구가 있으면 가정형 문제로 판단할 수 있다.

- **If you could ~, what would you ~?**
- **Imagine that ~.**

 가정형 문제의 구조 전략

● 가정이지만 사실적으로 느껴지도록 구체적인 예를 들어라.
객관적인 사실이 아닌 이야기를 해야 하기 때문에, 자칫 요점이 없는 모호한 글이 될 수도 있다. 그러므로 본론에서 구체적인 예를 많이 생각해 내어 비록 가정이지만 사실처럼 분명하게 서술하도록 한다.

● 가정형 문제는 대부분 이유를 묻는 문제임에 주의해라.
가정형 문제는 일단 '무엇이냐' 혹은 '어떻게'를 묻고, 그 이유를 설명하라고 요구한다. 물론 그 '무엇'과 '어떻게'에 대해 대답하는 것은 기본이지만, 그 이유를 얼마나 적절한 근거를 들어 설명하느냐가 더 중요하다. 역사 속 인물 중에서 가장 만나고 싶은 사람이 '허준'이라고 서론에서 제시한 후 본론에서 그를 만나고 싶은 이유, 혹은 그가 중요한 이유를 설명한다.

  ┌ 본론 1 ― 허준을 만나고 싶은 이유 1
  └ 본론 2 ― 허준을 만나고 싶은 이유 2

● 가정법 시제인 [would + 동사원형]을 활용하라.
가정형 문제는 모두 가정한 상황에 대한 문제이므로 항상 'would'로 질문할 것이다. 에세이에서 동사를 쓸 때에도 가정법을 잘 활용할 수 있도록 한다.

구조 잡기 연습

다음과 같은 가정형 문제에서 에세이의 구조를 어떻게 잡아야 하는지, 다음의 단계를 그대로 따라가 보자.

Holidays honor people or events. **If you could create a new holiday, what person or event would it honor and how would you want people to celebrate it**? Use specific reasons and details to support your answer.

Step 1. 문제 분석

만약 새로운 공휴일을 만들 수 있다면, 누구 혹은 어떤 사건을 기념하는 휴일을 만들고 싶은지, 그리고 사람들이 그날을 어떻게 축하하도록 하겠는지를 서술하라는 가정형 문제이다.

Step 2. 아웃라인 잡기

- 이 문제에서는 '무엇' 과 '어떻게' 를 동시에 요구하고 있다. '자원 봉사자들을 위한 공휴일을 만들고 싶다' 를 중심으로 글의 방향을 잡아 본다.
- '무엇' 에 해당하는 대답을 제시하고 그것이 중요한 이유를 본론 첫 단락에, '어떻게' 에 해당하는 대답을 제시하고 그 이유를 본론 두번째 단락에서 설명하기로 한다.

1. 자원 봉사자들을 위한 공휴일 - 봉사하는 것 자체에 영예를 돌릴만 함
2. 자원 봉사자들에 대한 이야기를 텔레비전으로 방송함 - 다른 사람들을 고무시킴

이 두 가지를 서론, 본론, 결론의 논리적 구조로 배열하되, 본론 단락의 나머지를 이루어야 할 세부 사항, 즉 구체적 근거와 예를 떠올려 덧붙여 본다.

서론	• 나는 자원 봉사자들을 위한 공휴일을 만들고 텔레비전 방송으로 축하하겠다.
본론1	• 돈을 받지 않고 다른 사람을 돕기 위해 자발적으로 일한 사람들을 기리는 기념일은 영예가 당연히 주어져야 할 곳에 영예를 돌리는 것이다. 　- 금전적 소득이나 인정 받기 위해서가 아닌 마음으로부터 우러나오는 봉사 　- 자신의 소중한 시간을 타인을 위해 쓰는 것은 대단하다
본론2	• 자원 봉사자들의 모습이 텔레비전 방송에서 보여지면 다른 사람들도 자신들이 할 수 있는 방법으로 타인을 도울 수 있도록 고무할 것이다. 　- 많은 사람들이 자원 봉사자들의 활동에 대해 잘 모름 　- 방송은 사회에서 혜택을 받지 못하는 사람들의 어려움에 대한 우리의 인식을 높여줌
결론	• 이러한 이유로 나는 자원 봉사자의 날을 제정하여 텔레비전 방송으로 이 날을 축하하고 싶다.

03 | 의견 제시형 문제 (Quality / Definition Question Type)

의견 제시형 문제란 사람 혹은 물건의 특성이나 자질에 대해 서술할 것을 요구하거나, 주어진 질문에 대해 자신이 생각하는 정의를 내릴 것을 요구하는 문제이다. 예를 들어, **"좋은 이웃이 가져야 할 자질은 어떤 것들이 있는가?"** 라든지, **"당신의 나라에서 사람들이 가장 중요하게 생각하는 동물은 무엇인지 말하고 그 이유를 설명하라"** 와 같은 형식을 가진다.

● 구체적으로 문제에 다음과 같은 어구가 있으면 의견 제시형 문제로 판단할 수 있다.

- What are some important qualities of ~?
- What are some important characteristics of ~?
- If you were asked to ~, what would you choose?
- What is ~ that is important to ~?

 의견 제시형 문제의 구조 잡는 법

● 'what'이 복수인지 단수인지 확인하라.
'What is the most important ~' 로 묻고 있는지, 'What are some/several important ~' 로 묻고 있는지 반드시 구분한다.

● 한가지를 제시할 때, 그것이 문제의 답이 되어야 하는 이유들로 본론을 구성하라.
단수의 답을 요구하는 문제에서, 서론에 그 답을 제시하고 그것이 되는 이유 첫번째가 본론 첫 단락을 이루고, 두 번째 이유로 본론 두번째 단락을 구성한다.

우리 나라에서 가장 중요하게 여겨지는 동물이 돼지라면 돼지가 중요하게 생각되는 이유들로 본론을 구성한다.
⎡ 본론 1 - 돼지가 중요한 이유 1
⎣ 본론 2 - 돼지가 중요한 이유 2

● 여러 가지 항목을 제시할 때, 항목 하나씩으로 본론 각 단락을 구성하라.
복수의 답을 요구하는 문제에서, 답이 되는 항목들 각각이 본론 단락을 이루게 한다. 서론에서 2개의 답을 했으면 본론이 두 단락이 되고, 서론에서 3개의 답을 제시했다면 본론도 세 단락이 된다.

좋은 이웃이 가져야 할 자질 두 가지를 제시한다면, 이 두 가지와 각각의 이유와 근거들로 본론 단락이 구성된다.
⎡ 본론 1 - 좋은 이웃의 자질 1
⎣ 본론 2 - 좋은 이웃의 자질 2

의견 제시형 문제의 구조 잡기 연습

다음과 같은 의견 제시형 문제에서 에세이의 구조를 어떻게 잡아야 하는지, 다음의 단계를 그대로 따라가 보자.

Plants can provide food, shelter, clothing, or medicine. **What is one kind of plant that is important to you or the people in your country?** Use specific reasons and details to explain your choice.

Step 1. 문제 분석
나 또는 우리 나라 사람들에게 중요한 한 가지 식물은 무엇인지에 대한 의견을 말하라는 의견 제시형 문제이다.

Step 2. 아웃라인 잡기
- '배추가 가장 중요한 식물이다' 라고 주제의 방향을 잡는다.
- 본론을 구성할 내용, 즉 배추가 중요한 이유 두 가지를 생각해 본다.

  1. 배추는 김치의 재료이다.
  2. 배추는 3개월이면 다 자라기 때문에 한 해 수확량이 많다.

이 두 가지 이유를 중심으로 서론, 본론, 결론의 논리적 구조를 세워 보고, 본론 단락의 나머지를 이루어야 할 세부 사항, 즉 구체적 근거와 예를 떠올려 덧붙여 본다.

서론	• 나는 우리 나라 사람들에게 중요한 식물 중의 하나로 배추를 이야기 하고 싶다.
본론1	• 배추는 김치를 만드는 데 쓰이기 때문이다. 　- 김치는 한국에서 가장 중요한 음식 　- 김치는 한국 사람의 건강에 중요함 　- 김치에는 고추, 마늘, 양파 등 건강에 좋은 재료와 성분이 많음
본론2	• 배추는 재배 기간이 겨우 3개월이기 때문에 연간 수확량이 많기 때문이다. 　- 한국의 인구 밀도는 높아서 이런 종류의 채소가 이상적임 　- 국내 수요 뿐만 아니라 수출까지도 가능한 양
결론	• 이러한 이유로 나는 배추가 우리 나라에서 중요한 식물이라고 생각한다

Hackers Writing Start [2일 Daily Check-up]

다음을 참고하여 주어진 topic에 대한 에세이의 아웃라인을 작성하시오.

[찬반형 문제]
Do you agree or disagree with the following statement? Studying history and literature is more important for students than studying math and science. Give reasons and examples to explain why you agree or disagree.

문제 분석 및 힌트

'학생들이 역사나 문학을 공부하는 것이 수학이나 과학을 공부하는 것보다 더 중요하다' 라는 진술에 찬성하는지 반대하는 지를 묻는 찬반형 문제이다. 이 진술에 반대하는 방향의 글을 쓰는데, 반대하는 이유, 즉 수학과 과학이 중요한 이유를 본론에서 2개의 단락으로 설명한다.

서론 역사와 문학을 배우는 데 대한 필요성을 부인할 사람은 아무도 없겠지만, 학생들은 그들 시간의 더 많은 부분을 과학과 수학을 공부하는 데 할애해야 한다. (Though no one will deny the importance of learning history and literature, students should focus more of their time studying science and mathematics.)

본론 1

본론 2

결론 과학과 수학은 우리의 삶에서 매우 중요한 부분이기 때문에, 학생들은 이러한 과목에 대한 견고한 기초를 가지고 있어야 한다. (With science and math being such an important part of our life, students should have a solid foundation in these subjects.)

정답 p. 275

[2일   Daily Test]

다음의 에세이 topic에 대해 쓸 글의 아웃라인을 작성하시오.

[가정형 문제]
Imagine that someone gave you some land to use in whatever way you wished, **what would you do with this land?** Provide details to explain your answer.

서론

본론

결론

정답 p. 275

[3일 ─────── 서론 쓰기]

overview
에세이의 구조를 잡고 계획하는 방법을 알았다면, 이제 에세이를 구성하는 단락들을 직접 써 보기로 한다. 그럼 어디에서 어떻게 출발해야 할까? 글을 쓰는 사람이라면 누구나 무엇을 어떻게 "시작"해야 될 지 고민하기 마련이다. 그러나 다행히도 에세이의 서론에서 이야기해야 하는 내용은 정해져 있어서, 절대 갈등하거나 걱정할 필요가 없다.

01 | 서론의 내용과 구성

서론에서는 자신의 의견을 서술하고 글을 어떻게 전개해 나갈 것인지를 보여준다. 서론은 일반적 진술과 대주제문으로 구성된다.

- **일반적 진술 (General Statement)**
  1. 일반적 진술은 글을 시작하는 문장으로서 쓰고자 하는 내용의 일반적 배경을 제공한다.
  2. 주어진 문제를 다른 어휘와 다른 구조의 문장을 사용해서 재진술(paraphrase)하여 topic을 소개한다.

- **대주제문 (Thesis)**
  1. 대주제문이란 글의 전체 주제를 미리 소개하는 문장이다.
  2. 주어진 문제에 대한 자신의 의견을 제시한다.
  3. 주제를 뒷받침하는, 즉 본론 단락의 내용이 되는 소주제들을 소개하기도 한다.

p.o.i.n.t

- 서론에서는 topic을 소개한다.
- 대주제문에서 글 전체의 주제를 반드시 제시한다.
- 대주제문은 본론의 소주제들을 소개하기도 한다.
- 서론은 일반적 내용에서 구체적인 의견으로, 의미의 범주가 좁아지는 모양을 갖는다.

02 | 서론 쓰기의 예

Well-known athletes and entertainers earn millions of dollars annually. **Do you think these people should be paid such large amounts of money?** Explain why and give examples.

- **문제 분석**

  유명한 운동선수나 연예인들이 엄청난 고소득을 올리는 것이 타당하다고 생각하느냐를 묻는 문제이다. 즉, 타당하다는 것에 '찬성하느냐 반대하느냐'를 묻는 **찬반형 문제**이다. 그러므로 서론에 포함되어야 할 핵심 내용은 '그렇다고 생각한다' 혹은 '아니라고 생각한다' 정도가 될 것이다.

- **서론 쓰기**

  > Professional athletes and entertainers are often paid enormous sums of money for the jobs they perform.

  → **일반적 진술**
  일반적 진술에서는 주어진 문제를 paraphrase 해서 서술하는 것이 글을 시작하는 가장 쉬운 방법이 된다.

  > Despite criticism from many, I feel athletes and entertainers are deserving of high salaries because of the revenue they generate and the short lifespan of their careers.

  → **대주제문**
  찬반형 문제에서는 동의하는지 반대하는지가 대주제문에 반드시 명시되어야 한다.

  ＊ I feel = I think   ＊ deserve (of)~ : ~의 가치가 있다   ＊ revenue : 수입, 세입

03 | 서론에 쓰기 좋은 표현

2주에서 공부한 유형별 필수 표현 중 서론에서 활용할 수 있는 표현들은 다음과 같다.

- **선호형 문제**
  - I prefer ~ to -
  - Given the choice between ~ and -, I would choose ~

- **비교 대조형 문제**
  - ~ has its own advantages and disadvantages.

- **설명형 문제**
  - The reasons for ~ are as follows.
  - It seems clear that ~ for several reasons.
  - People seem ~ for the following reasons.

- **찬반형 문제**
  - I agree/disagree that ~
  - I question whether ~
  - I strongly support the idea of ~
  - My view on this issue is that ~

- **가정형 문제**
  - If I were asked to ~, I would
  - If I had an opportunity, I would ~

- **의견 제시형 문제**
  - There are several qualities ~
  - I think the most important aspect of ~ is -

- **모든 문제 유형**
  - Generally speaking, ~
  - Some people presume that ~
  - In my opinion, ~
  - I firmly believe that ~
  - It is evident that ~
  - It is clear that ~

Hackers Writing Start [3일 Daily Check-up]

1. 빈 곳에 적절한 문장을 쓰고 서론을 완성하시오.

[선호형 문제]
When a product or service is poor, some people complain. Some write a letter while others complain in person. **Which way would you choose?** Explain why and provide examples.

> **문제 분석 및 힌트**
> 상품이나 서비스에 대해 불만이 있을 때 직접 항의를 하는 것을 선호하는지 서면으로 하는 것을 선호하는지 입장을 밝히는 문장이 선호형 문제의 서론에 대주제문으로 제시되어야 한다.

_____

_____ . There are several reasons why a personal complaint is more effective.

(직접적인 불평이 더 효과적인 몇 가지 이유가 있다.)

2. 빈 곳에 적절한 문장을 쓰고 서론을 완성하시오.

[비교 대조형 문제]
A student enrolled at a university may choose to live in university housing such as a dormitory. Others may prefer to live in an apartment outside the university. **Compare the advantages of living in university housing with the advantages of living in an apartment in the community.** Where would you prefer to live? Give reasons for your preference.

> **문제 분석 및 힌트**
> 대학 기숙사에서의 생활과 개인 아파트에서의 대학 생활을 비교하라는 비교 대조형 문제이며, 어느 쪽을 선호하는지 입장을 제시하라고 요구하고 있다. 일단 문제와 관련하여 나름대로 일반적인 진술을 써 보고, 자신이 선호하는 쪽을 선택해서 대주제문을 작성해 본다.

_____

_____ Although apartments are more comfortable to live in (아파트가 살기에 더 편하긴 하지만), _____

정답 p. 276

[3일 Daily Test]

1. 다음의 essay topic에 대한 서론을 쓰시오.

[찬반형 문제]
Some people think that universities should provide the same amount of money to sports facilities and libraries at the university. **Do you agree with this?** Give reasons and details to support your opinion.

> **문제 분석 및 힌트**
>
> '대학이 스포츠 시설과 도서관에 동일한 액수의 자금을 제공해야 한다'는 진술에 찬성하는지 반대하는지를 묻는 찬반형 문제이다. 스포츠 활동이 학생의 육체적 건강을 증진시키고 학교의 명성도 높일 수 있다는 이유를 들어 주어진 진술에 찬성한다는 글의 서론을 써 본다.

---

2. 다음의 essay topic에 대한 서론을 쓰시오.

[설명형 문제]
A lot of students go abroad to study. **What are the reasons that students choose to study abroad instead of in their home countries?** Give reasons and details to support your answer.

> **문제 분석 및 힌트**
>
> 많은 학생들이 외국에 공부하러 나가는 이유를 설명하라는 설명형 문제이다. 독립과 언어 학습의 두 가지 이유로 전개되는 글의 서론을 써 본다.

정답 p. 276

[4일 ——— 본론 쓰기]

overview

에세이에서 핵심은 본론이다. 자신이 말하고자 하는 바를 얼마나 효과적인 근거로써 뒷받침하느냐 하는 것이 매우 중요하다. 이를 위해 자신의 생각을 잘 정리해서 체계적으로 구성할 필요가 있다. 그러므로 이전 단계에서 연습한 아웃라인 잡기의 방법을 적절히 이용하도록 한다.

01 | 본론의 내용과 구성

본론은 서론에서 제시한 주제를 뒷받침하기 위한 설명으로 이루어진 단락이다. 본론의 각 단락은 소주제문과 구체적 근거들로 구성된다.

- **소주제문 (Topic Sentence)**
  1. 소주제문은 서론에서 제시한 대주제문에 대한 큰 덩어리의 근거를 말해주는 문장이다.
  2. 소주제문은 너무 일반적이거나 너무 구체적이지 않아야 한다.

- **구체적 근거들 (Supporting Details)**
  1. 구체적 근거들이란 소주제문을 뒷받침하여 설명해주는 상세한 내용들이다.
  2. 구체적이고 사실적인 느낌을 주기 위해서 자신의 경험담을 예로 들거나, 지명, 인물, 시기 등을 언급할 수도 있고, 신문 기사나 통계 자료 등을 인용해도 좋다.

p.o.i.n.t

- 서론에서 제시한 대주제문을 뒷받침하는 소주제문을 본론 각 단락에 하나씩 배치한다.
- 소주제문을 자세히 설명해 주는 구체적 근거들로 나머지 본론 내용을 완성한다.
- 구체적인 예를 가능한 한 많이 든다.
- 단락의 통일성과 일관성을 지키기 위해 소주제와 관계 있는 것만 논의한다.

본론 단락의 마지막에 마무리 문장(Closing Sentence)을 쓸 수도 있다. 마무리 문장은 소주제문을 paraphrase해서 쓰거나, 단락 내의 주제와 의미의 연결성을 부각시키는 문장이어야 한다.

02 | 본론 쓰기의 예

Well-known athletes and entertainers earn millions of dollars annually. **Do you think these people should be paid such large amounts of money?** Explain why and give examples.

- **문제 분석**
  찬반형 문제의 본론 구조는, 찬성 혹은 반대의 이유를 중심으로 한다. 서론에서 제시한 찬성의 이유 두 가지로 두 개의 본론 단락을 완성해 본다.

- **본론1 쓰기**

> Firstly, many athletes and entertainers generate revenue far greater than their salaries.

- **소주제문**
  대주제(동의한다는 사실)에 대한 소주제가 된다. 본론단락을 시작할 때는 소주제로부터 시작하여 그 근거가 되는 세부적인 예들을 덧붙이면 된다.

> For example, Yao Ming is a Chinese basketball player who gets paid approximately three million dollars a year. His popularity has created a market that will generate billions in potential revenue for his employer, the NBA. In this context, Yao Ming is vastly underpaid with regards to his worth.

- **구체적 근거 1**
  구체적인 근거로 우선 운동 선수에 대한 예를 들었다. 주제와 관련하여 설명할 내용이 있으면 다른 예를 들기 전에 몇 문장 덧붙인다.

> A single blockbuster film can gross hundreds of millions of dollars for a movie studio. Actors are generally paid only a small percentage of the film's total budget.

- **구체적 근거 2**
  소주제문에 대한 두번째 구체적 근거로 영화배우의 예를 들었다.

* in this context : 이러한 정황(관계)에서   * underpaid : 충분하지 않게 지급받는
* with regards to : ~에 관해서는   * gross : 총 이익을 올리다

- **본론2 쓰기**

> Secondly, athletes and entertainers warrant a high salary because of their relatively short careers.

- **소주제문**
  운동선수나 연예인들은 활동의 수명이 짧기 때문에 부담을 갖는 이유로 활동 기간동안 이나마 높은 수입을 보장받게 된다는 두번째 소주제가 제시 되었다.

> Unlike most careers that can span thirty or forty years, most athletes have a much shorter opportunity. In physical contact sports like football, a career may last only four or five years. During this time, an athlete must earn enough money to provide for his family for a life time.

- **구체적 근거 1**
  대부분의 다른 일반적인 직업의 수명에 비교해서 운동 선수의 활동 기회가 매우 적다는 점이 첫번째 구체적인 근거이다.

> In the entertainment industry, careers can be even shorter. For many actors, "fifteen minutes of fame" is all they get.

- **구체적 근거 2**
  직업 수명이 짧은 또다른 예로 영화배우도 마찬가지임을 덧붙였다.

* warrant : 보증하다, 장담하다   * unlike : ~와는 달리

Hackers Writing Start **[4일   Daily Check-up]**

1. 빈 곳에 적절한 소주제문을 써서 본론을 완성하시오.

[선호형 문제]
When a product or service is poor, some people complain. Some write a letter while others complain in person. **Which way would you choose?** Explain why and provide examples.

First, 1) _____.
A letter can be noted and filed away without any immediate response. But a person cannot be dismissed as easily. For example, if you receive poor service at a restaurant, you will get prompt attention if you bring up the matter with the manager immediately. You may be compensated with a free dessert or the price of your meal may be reduced. If you wait until you get home to write a letter, it is likely that your complaint will go unheard.
(편지는 확인되고 나서 즉각적인 답변 없이 쌓일 수 있다. 그러나 사람은 그렇게 쉽게 내쫓길 수 없다. 예를 들어, 당신이 레스토랑에서 좋지 못한 서비스를 받고, 그 문제를 매니저에게 직접 제기한다면, 당신은 즉각적인 관심을 얻을 것이다. 무료 디저트나 먹은 음식에 대한 가격 할인으로 보상 받을 지도 모른다. 편지를 쓰기 위해 집에 갈 때까지 기다린다면, 당신의 불만은 그냥 흘려 넘겨지기 쉽다.)

Second, 2) _____
_____. You are in the position to gauge the situation and adjust your tactic as you make your complaint. For example, if the person you are speaking to is not responding well, you can change your tone of voice or posture, you can make threats or pleas or you can just refuse to go away. There are many choices for you to ensure that your complaint is heard and addressed.
(당신이 불평을 할 때, 당신은 상황을 판단하고 전략을 조정할 수 있는 위치에 있다. 예를 들어, 당신의 말을 듣고 있는 사람이 제대로 반응을 하고 있지 않다면, 당신은 목소리 톤이나 자세를 바꿀 수 있고, 위협이나 간청을 하거나, 그냥 자리를 뜨기를 거부할 수도 있다. 당신의 불평이 확실히 경청되고 제기되도록 하기 위해 당신에게 많은 선택이 놓여 있다.)

Lastly, 3) _____.
If you complain in person, you can wait until it is resolved to your liking before you leave. Most customer service personnel have to attend to many other matters. So, in order to make you leave, they will try their best to accommodate your wishes. In this case, your complaint will be taken care of more quickly.
(만일 당신이 직접 불만을 제기한다면, 당신 뜻대로 해결될 때까지 기다릴 수도 있다. 대부분의 고객 서비스 직원들은 많은 다른 문제들을 처리해야 한다. 그러므로 당신이 떠나도록 하기 위해서, 그들은 당신의 요구를 들어주기 위해 최선을 다할 것이다. 이런 경우 당신의 불평은 신속히 처리될 것이다.)

2. 빈 곳에 적절한 소주제문을 써서 본론을 완성하시오.

[비교 대조형 문제]
A student enrolled at a university may choose to live in university housing such as a dormitory. Others may prefer to live in an apartment outside the university. **Compare the advantages of living in university housing with the advantages of living in an apartment in the community.** Where would you prefer to live? Give reasons for your preference.

1) _____. Privacy and comfort factor are two of the biggest advantages that come with living in an apartment. Unlike dormitories, roommates can have separate bedrooms while sharing a common living area. Trust issues and annoying habits are less of a concern when each person has his or her own room. Apartments are also much more comfortable to live in than dormitories. Not only are apartments bigger than dorm rooms, they are generally quieter and more effective for studying. A kitchen allows for healthier eating habits and saves students from dining out on a regular basis.
(사생활과 편안함은 아파트에 사는 것에 수반되는 가장 큰 두 가지 장점들이다. 거실을 공유하기는 하지만 기숙사와는 다르게 룸메이트 각자 자기 방을 갖게 된다. 신뢰성 문제나 거슬리는 버릇 따위는 각자 방을 소유할 때 큰 걱정거리가 되지 않는다. 아파트가 기숙사 방보다 크기 때문이 아니라, 일반적으로 아파트가 더 조용해서 더 능률적으로 공부할 수 있다. 주방은 더 건강한 식습관을 유도하고 정기적으로 외식하는데서 오는 낭비를 막아 준다.)

2) _____. Location is the prime consideration of most students who live in dorms. When living in an apartment, getting to school can be a chore. Students must either bring their own car or take a shuttle bus to school everyday. Living on campus means all classes are within walking distance without the hassles of traffic. In addition, between classes students can either grab a quick meal in the cafeteria or just take a brief nap in the comfort of their own rooms. On campus housing also comes with an opportunity to meet many people. An active social life is an important ingredient of any college education and dorms are an ideal place to meet peers. Dormitories regularly hold social events and parties to encourage interaction between its residents.
(위치는 기숙사에 사는 대부분의 학생들의 주요 관심사이다. 아파트에 살 때 학교까지 가는 것은 성가신 일이 될 수 있다. 학생들은 매일 자가용을 가져 오던지 학교까지 셔틀버스를 타고 가야 한다. 캠퍼스에서 산다는 것은 교통 혼잡 없이 모든 수업에 걸어서 들어갈 수 있다는 것을 의미한다. 게다가, 학생들은 공강시간에 구내 식당에서 간단히 식사도 할 수 있고 자신의 방에 가서 편안하게 잠깐 낮잠을 잘 수도 있다. 기숙사 생활은 또한 많은 사람들을 만날 기회를 제공한다. 활발한 사회 생활은 어떤 대학 교육에서라도 중요한 요소이고 기숙사는 또래들을 만날 이상적인 장소가 된다. 기숙사는 사생들의 상호 관계를 북돋우기 위해 정기적으로 사교 행사나 파티를 연다.)

  Daily Test

1. 다음의 본론 구조를 참고하여 주어진 topic에 대한 에세이의 본론을 쓰시오.

[찬반형 문제]
Some people think that universities should provide the same amount of money to sports facilities and libraries at the university. **Do you agree with this?** Give reasons and details to support your opinion.

본론1 — • Importance of regular exercise
 - Good health
 - Without physical activity: unhealthy students' difficulties

본론2 — • Attaining a name in sports
 - Intra-university tournaments
 - Takes time and money to prepare

2. 다음의 본론 구조를 참고하여 주어진 topic에 대한 에세이의 본론을 쓰시오.

[설명형 문제]

A lot of students go abroad to study. **What are the reasons that students choose to study abroad instead of in their home countries?** Give reasons and details to support your answer.

본론1	• Independence
	- Make decisions on their own
	- Freedom and mistakes
	- Maturing
본론2	• Learning a new language
	- Learn Language on a daily basis
	- Understanding customs and traditions
	- Gain fluency

정답 p. 277

[5일 ─── 결론 쓰기]

overview
에세이의 마지막 단락이 결론이다. 이는 에세이를 읽는 사람에게 글이 끝났음을 말해 주는 것이다.
서론과 본론을 통해 설명한 내용을 마지막으로 통일성 있게 잘 정리하고, 강하고 효과적인 메시지를 던져 주면서 글을 끝낼 수 있도록 한다.

01 | 결론의 내용과 구성

결론은 에세이 전체의 마무리 단락으로서, 요약/정리와 맺음말로 구성된다.

- **요약/정리 (Concluding Sentence)**
  1. 요약/정리는 서론의 대주제문을 재진술(paraphrase)하면 된다.
  2. 본론을 통해 설명한 내용이 마지막으로 통일성 있게 잘 정리되도록 한다.

- **맺음말 (Final Message)**
  1. 맺음말은 글의 주제에 대한 자신의 최종 의견이다.
  2. 글의 주제에 기초하여 전체를 보는 관점으로 보다 일반적으로 서술한다.

p.o.i.n.t

- 서론의 대주제문을 다른 말로 반복 서술하거나 본론 내용을 요약/정리한다.
- 주제와 관련해서 일반적 관점의 의견을 제시하는 맺음말을 남긴다.
- 그러므로 결론은 구체적인 주제에서 일반적 형태의 진술로 의미의 범주가 넓어진다.

02 | 결론쓰기의 예

[찬반형 문제]
Well-known athletes and entertainers earn millions of dollars annually. **Do you think these people should be paid such large amounts of money?** Explain why and give examples.

- 문제 분석
  유명 운동선수나 연예인이 고소득을 올리는 것이 타당하다고 생각하는지 아닌지를 다시 한번 본론에 제시된 이유와 함께 정리하면서 마무리한다.

- 결론 쓰기

  > Athletes and entertainers are entitled to what they are paid because of the short duration of their careers and the large amounts of money they generate for others.
  >
  > Their skills are in great demand and should be paid accordingly.

  - 요약/정리
    주어진 topic속의 진술에 대해 동의함을 그 이유와 함께 서술했다. 본론에서 언급한 내용을 요약·정리하면서 다른 어휘표현을 사용했음을 알 수 있다.

  - 맺음말
    맺음말에서는 여운을 남기는 메시지를 가능하다면 써도 좋고, 이와 같이 자신의 생각을 다시 한번 강조해 주어도 좋다.

* be entitled to : ~을 받을 만하다, ~의 자격이 있다   * be in great demand : 수요가 엄청나다   * accordingly : 그에 알맞게, 적절히

03 | 결론에 쓰기 좋은 표현

2주에서 공부한 유형별 필수 표현 중 결론에서 활용할 수 있는 표현들은 다음과 같다.

- 선호형 문제
  - In my opinion, ~
  - By and large, it is better to ~ for the reasons I have discussed above.

- 비교 대조형 문제
  - The advantages of ~ far outweigh the disadvantages.

- 설명형 문제
  - For all these reasons, ~
  - As a result, ~

- 찬반형 문제
  - As far as I am concerned, ~
  - In conclusion, I agree(disagree) with the statement ~ because -

- 가정형 문제
  - My decision would be ~
  - As a rule, it would be good if ~

- 의견 제시형 문제
  - I believe ~ is most needed when ~
  - As we have seen, ~

- 모든 문제 유형
  - In conclusion, ~
  - To sum up, ~
  - In a nutshell, ~
  - In short, ~
  - All things considered, ~
  - As I have noticed, ~

Hackers Writing Start [5일 Daily Check-up]

1. 빈 곳에 적절한 문장을 쓰고 결론을 완성하시오.

[선호형 문제]
When a product or service is poor, some people complain. Some write a letter while others complain in person. **Which way would you choose?** Explain why and provide examples.

In conclusion, _____
_____. If you arrive in person to complain, it is more difficult to dismiss your complaint. And you can be more persuasive and flexible in person than on paper. And if you are persistent, then your concerns will be addressed immediately and to your satisfaction.
(당신이 직접 불평을 하러 갈 경우, 당신의 불평을 간단히 거절해 버리기가 더 어렵다. 또한 당신은 서면으로 불평을 하는 경우 보다 직접 할 경우 더 설득력 있고 융통성 있게 대처할 수 있다. 그리고 당신이 완고하다면, 당신의 문제는 즉시 당신이 만족할 수 있도록 받아들여질 것이다.)

2. 빈 곳에 적절한 문장을 쓰고 결론을 완성하시오.

[비교 대조형 문제]
A student enrolled at a university may choose to live in university housing such as a dormitory. Others may prefer to live in an apartment outside the university. **Compare the advantages of living in university housing with the advantages of living in an apartment in the community.** Where would you prefer to live? Give reasons for your preference.

_____
_____. Outside of school, college should be about social growth and new experiences. Dormitories provide the best avenue to meet these goals.
(학교 자체를 넘어서, 대학은 사회적 성장과 새로운 경험에 관한 것이어야 한다. 기숙사는 이러한 목표를 만족시키는 최고의 수단을 제공한다.)

[5일 Daily Test]

1. 다음의 topic에 대한 에세이의 결론을 쓰시오.

[찬반형 문제]
Some people think that universities should provide the same amount of money to sports facilities and libraries at the university. **Do you agree with this?** Give reasons and details to support your opinion.

2. 다음의 topic에 대한 에세이의 결론을 쓰시오.

[설명형 문제]
A lot of students go abroad to study. **What are the reasons that students choose to study abroad instead of in their home countries?** Give reasons and details to support your answer.

정답 p. 278

Hackers Writing Start

[6일 — 실전 연습]

overview

이제 최종적으로 에세이 전체를 써 보기로 한다. 이미 학습한 에세이 쓰기의 모든 단계, 즉 구조잡기, 서론·본론·결론 쓰기를 종합적으로 연습해 본다.

다음의 essay topic으로 처음부터 마무리까지 에세이 쓰기의 모든 단계를 복습한다.

Some people believe that the childhood years from birth till the age of 12 are the most important period in a person's life. **Do you agree?** Explain your answer by providing reasons and details.

Step 1. 문제 분석

'12세까지의 어린 시절이 한 사람의 인생에서 가장 중요한 시기이다' 라는 진술에 찬성하는지 반대하는지를 말하고, 그 이유를 본론에서 설명한다.

Step 2. 아웃라인 잡기

- '동의한다' 로 일단 방향을 설정한다.
- 12세까지의 어린 시절이 가장 중요한 이유, 즉 그 시기의 중요한 특성을 정리해 본다.

    1. 학습 능력 발달이 시작됨
    2. 주변 사람과의 관계 형성이 시작됨
    3. 가치와 윤리에 대한 개념 형성이 시작됨

이 세 가지 이유를 서론, 본론, 결론의 논리적 구조를 통해 순서대로 배열하되, 본론 단락의 나머지를 이루어야 할 세부 사항을 떠올려 덧붙여 본다. 시간이 많이 소요되지 않도록 핵심 표현이나 문장을 바로 영어로 쓸 수 있게 연습한다.

서론
- 어린 시절이 한 사람의 일생에서 가장 중요한 시기라는 데 동의한다.
  (I agree that the childhood years are the most important years of a person's life.)

본론1
- 학습 능력이 발달되기 시작하는 시기이다. (Development of learning skills)
  - 읽기와 쓰기: 더 어렵고 복잡한 과목의 공부를 위한 버팀목을 쌓는 것과 같음
    (Reading and writing / Building blocks for more complex subjects)
  - 장래의 성공에 대한 강한 지표 역할: 건강한 환경이 요구됨
    (Strong indicator for success in future / Healthy environment needed)

본론2
- 주변 사람과의 관계 형성이 시작되는 시기이다. (Build relationships)
  - 또래나 선생님과의 상호 작용 / 친구들이나 어른들을 대하는 방법을 알게 됨 / 사회적 역할의 인지
    (Interaction with peers and teachers / How to deal with friends and authority figures / Recognize social roles)
  - 협동과 신뢰를 배움 / 단체 활동
    (Learn cooperation and trust / Work in groups)

본론3
- 가치와 윤리에 대해 배우기 시작하는 시기이다. (Values and ethics)
  - 옳고 그름의 차이를 알게 됨
    (Learn the difference between right and wrong)
  - 부모들이 실제 예로써 인내와 동정, 친절 등을 가르침
    (Parents teach tolerance, compassion, kindness, etc. through example)

결론
- 어린 시절 형성된 많은 것들이 미래의 성공을 결정짓는 데 중요한 역할을 한다.
  (Learning habits, interpersonal relationships, and basic morality begin to develop during a child's formative years and play an important role in determining future success.)

Step 3. 단락 쓰기

이제 완전한 문장들로써 살을 입혀 서론, 본론, 결론의 단락 쓰기를 하고, 각 단락이 자연스럽게 연결되도록 하여 하나의 에세이를 완성한다.

Many of the things we learn as young children stay with us throughout our lives. During our childhood years, we start the learning process, establish relationships with family and friends, and begin developing our sense of right and wrong. Even as an adult, a person's behavior is still greatly influenced by the way he was raised as a child. **I strongly agree that the childhood years are the most critical years in a person's life**.

The learning process begins in childhood with the acquisition of basic skills like reading and writing. These become the building blocks for more complex subjects later on in our lives. To ensure the best possible start for all children, it is important that they are placed in a healthy learning environment that allows them to learn and grow. Early development is a strong indicator for success in the future. For children who fall behind, they can suffer from the lifelong stigma of being "slow."

Childhood is also when we start building relationships with the people around us. Through our parents we learn the concepts of love and discipline. As we attend school, teachers are introduced as figures of authority and respect. Peers provide us with friendship and through friendship children learn the importance of cooperation and trust. Social roles become clearer and we begin forming our own ideas of self-worth through the way others treat us.

Perhaps the most important part of childhood that we carry is the values and ethics we learn. Early on in our lives, parents play the biggest role in our moral upbringing and it is up to them to teach us the difference between right and wrong. Through their example, children can learn tolerance, compassion and kindness. As we get older, we begin making our own decisions on how we should live our lives. However, the lessons we learn as young children remain in our minds.

Learning habits, interpersonal relationships, and basic morality begin to develop during a child's formative years and play an important role in determining future success. Though change is inevitable in any stage of life, our childhood years lay the foundation for who we eventually become.

* the most critical years : 가장 중요한 시기
* lifelong stigma : 평생의 치욕, 오명
* upbringing : 교육, 훈육, 양육
* interpersonal relationships : 대인관계
* ensure : 확실하게 하다, 보증하다
* discipline : 기강, 훈련
* make decisions on~ : ~에 대한 결정을 하다
* inevitable : 필연적인, 피할 수 없는

우리가 어린 나이에 배운 많은 것들은 평생동안 우리에게 남아 있게 된다. 어린 시절, 우리는 학습 과정을 시작하고, 가족과 친구들과의 관계를 형성하고, 옳고 그름에 대한 인식을 발달시키기 시작한다. 심지어 어른이 되어서도, 개인의 행동은 여전히 어린 시절 길러진 방식에 의해 크게 영향을 받는다. 나는 어린 시절이 개인의 삶에 있어서 가장 중요한 시기라는 데 전적으로 동의한다.

학습 과정은 어린 시절에 읽기와 쓰기와 같은 기본적인 능력을 습득하면서 시작된다. 이것들은 이후 우리들의 삶에서 더욱 복잡한 대상을 만들기 위한 집 짓기 나무 토막(기초)이 된다. 모든 아이들이 최고의 출발을 할 수 있도록 하기 위해, 그들이 배우고 성장할 수 있게 해주는 건전한 학습 환경에 놓이는 것이 중요하다. 초기의 발달은 미래의 성공에 있어 강한 지표가 된다. 뒤쳐지는 아이들의 경우, 그들은 뒤쳐진다는 평생의 치욕으로 고통 받을 수도 있다.

어린 시절은 또한 우리가 주위 사람들과의 관계를 형성하기 시작하는 시기이다. 부모님을 통하여, 우리는 사랑과 규율의 개념을 배운다. 우리가 학교에 가면, 선생님들이 권위와 존경의 인물들로 소개된다. 친구들은 우리에게 우정을 제공하고, 아이들은 우정을 통하여 협력과 신뢰의 중요성을 배운다. 사회적 역할이 보다 명확해지면서, 우리는 다른 사람들이 우리를 대하는 방식을 통해 자존심에 대한 나름의 개념을 형성하기 시작한다.

아마도 어린 시절 우리가 갖게 되는 가장 중요한 부분은 우리가 배우는 가치와 윤리일 것이다. 우리 삶의 초기에, 부모들은 우리의 도덕적 교육에서 가장 큰 역할을 하고, 우리에게 옳고 그름의 차이를 가르치는 것은 그들에게 달려 있다. 그들의 예를 통하여, 아이들은 인내와 자비, 그리고 친절을 배울 수 있다. 나이가 들어감에 따라, 우리는 삶을 어떻게 살아야 할 지에 대해 스스로 결정하기 시작한다. 그러나 우리가 어린 시절에 배운 교훈은 마음 속에 남아 있다.

습관, 대인 관계, 그리고 도덕성을 배우는 것은 아이의 인격 형성기 동안 발달하기 시작하고, 미래의 성공을 결정짓는 데 있어 중요한 역할을 한다. 삶의 어떤 시기에서든 변화가 불가피하지만, 우리의 유년기는 우리가 장차 될 사람에 대한 기초를 만든다.

Editing Checklist

에세이 한 편을 완성한 후에는 다음의 사항에 유의하여 완성된 에세이를 다시 한번 읽어 보고 틀린 부분은 수정한다. 그리고 각각의 유의 사항에 적절히 대처하여 실제 토플 시험에서 감점 없는 완전한 에세이를 쓰도록 한다.

Essay Organization

- 서론
  - 일반적 진술과 대주제문 둘 다 명시되어 있는가?
  - Question type에 적절한 대답과 입장을 보여 주고 있는가?

- 본론
  - 각 단락은 서론에서의 주제를 뒷받침하는 소주제를 가지고 있는가?
  - 각 단락이 소주제문으로 시작하고 있는가?
  - 소주제문에 나타난 단락의 소주제를 뒷받침하는 구체적 근거가 충분한가?
  - 단락의 소주제에서 벗어난 details는 없는가?
  - 단락 내의 통일성이 지켜지는가?
  - Transition signals(문장 혹은 단락 연결어)가 적절히 사용되고 있는가?

- 결론
  - 요약/정리가 대주제문을 paraphrase하고 있고, 에세이 전체의 주제를 요약하고 있는가?

Sentence Structure & Grammar

- 문장에 주어와 동사가 포함되어 있는가?
- 주어와 동사의 수가 일치하는가?
- 의미가 모호한 문장은 없는가?
- 동사의 시제가 올바로 사용되었는가?
- 명사와 지시어, 그 소유격과 일치하는가?

Hackers Writing Start [6일  **Daily Check-up**]

다음 essay topic을 읽고, 주어진 아웃라인을 참고하여 완성된 에세이를 쓰시오.

[가정형 문제]
Imagine that you are going on a one-year trip. Since you will be away from home for a year, you plan to bring clothes and personal care items. You can also bring one additional thing. **What additional thing would you bring and why?** Give reasons and details for your choice.

서론	• I would choose a laptop computer.
본론1	• Learn about the new place 　　- Information from Internet
본론2	• Other functions 　　- A written chronicle of the trip 　　- Fun
결론	• A laptop computer would be a great help on your trip.

  # Daily Test

Test 1

1. Read the following essay topic carefully and begin planning your essay.
2. Write your essay on this page.
3. All work must be completed within the 30-minute time period.
4. After finishing, edit your essay with the checklist from the previous page.

[의견 제시형 문제]
In your opinion, what important qualities should a leader have? Give examples and details to explain why you think these qualities are important.

정답 p. 279

Test 2

1. Read the following essay topic carefully and begin planning your essay.
2. Write your essay on this page.
3. All work must be completed within the 30-minute time period.
4. After finishing, edit your essay with the checklist from the page 253.

[찬반형 문제]

Some teenagers get a job while enrolled in school. **In your opinion, is it good for teenagers to study and work at the same time?** Provide details to support your opinion.

Hackers Writing Start

1. Read the following essay topic carefully and begin planning your essay.
2. Write your notes and outline on this page.
3. Write your essay on the following page.
4. All work must be completed within the 30-minute time period.
5. After finishing, edit your essay with the checklist from the page 253.

[의견 제시형 문제]

Nowadays, people pay more attention to their health. They do different things to be healthy. **What do you do to stay healthy?** Give reasons and details to explain why you do these things.

4th week Review Test

정답 p. 282

실수 클리닉 4

Hackers Writing Start

동사의 시제

1 단순 시제 → 잠깐만 시간 순서를 생각해 보자!

시간 순서가 분명한 사건을 이야기할 때, 완료나 가정법 등 어려운 시제는 접어 두고라도, 단순 시제는 정확하게 쓸 수 있어야 합니다.
아직 쇼핑 센터가 생긴 것은 아니고, 들어설 지도 모른다고 했으니, There are so many benefits. 에서 쇼핑 센터로 인해 생길 이점도 미래에나 가능할 것이므로 are는 will be로 고쳐야 합니다.

정답 | are ⇨ will be

2 wish와 가정법 시제

But, don't you ever wish you have some stability in your life?
해석하자면, '안정을 가지고 싶다고 생각해 본 적도 없느냐' 가 되어, '네 삶에서 약간의 안정을 가지다' 는 사실이 아니고, 가정해 본 의미가 됩니다.
그러므로, have는 had가 되어야 합니다.

정답 | have ⇨ had

3 without과 가정법 시제

[Without 명사, 주어 + 동사]의 형태에서 'without 명사' 는 '만약 ~가 없다면' 이라는 뜻으로 가정법 시제가 동반되어야 합니다. [주어 would 동사원형] 형태의 가정법 시제를 써 줍니다.
Without history, we had very little understanding of people and events that still have an impact on us today.
따라서 had는 would have로 고쳐 씁니다.

정답 | had ⇨ would have

부록
Punctuation

Punctuation

마지막으로 한가지 알아 둘 것은, Punctuation(구두점)의 정확한 사용법이다. 우리나라 학생이 쓴 에세이에서는 colon(:), semicolon(:), hyphen(-) 등의 구두점을 찾아 보기가 힘들다. 왜냐하면, 국어에서는 이런 문장 부호들이 잘 사용되지 않기 때문이다. 그러나 영어 원어민들은 글을 쓸 때 이러한 구두점들을 즐겨 사용하며, 어떤 면에서는 이런 구두점들의 사용이 의미를 더 잘 전달하는 효과가 있기 때문에, 좋은 영어 에세이를 쓰기 위해서는 이들을 잘 활용하는 것이 좋다.

Comma(,)

1. 소개, 제시 기능
- 단어를 문장 머리에 제시할 때
  Ordinarily, I eat three meals a day. (보통, 나는 하루에 세끼를 먹는다.)
- 구를 문장 머리에 제시할 때
  Despite the weather, we decided to go camping. (날씨에도 불구하고, 우리는 캠핑을 가기로 결정했다.)
- 종속절을 문장 머리에 제시할 때
  Since he started his new job, he hasn't had any free time.
  (그는 새로운 일을 시작했기 때문에, 여유 시간이 전혀 없었다.)

2. 연결 기능
- 셋 이상의 항목을 연결할 때
  They had a choice of hotdogs, hamburgers, or pizza for lunch.
  (그들은 점심으로 핫도그나 햄버거, 또는 피자를 먹을 수 있었다.)

3. 삽입 기능
- 단어를 문장 중간에 삽입 할 때
  Her actions, however, have proved to be different than her words.
  (그러나 그녀의 행동은 그녀의 말과 다른 것으로 나타났다.)
- 구를 문장 중간에 삽입할 때
  The plan, in other words, was a complete failure. (다시 말해, 그 계획은 완전히 실패였다.)
- 동격의 명사구를 문장 중간에 삽입할 때
  Michael, an avid bird watcher, received binoculars for his birthday.
  (열정적인 조류 관찰자인 Michael은 그의 생일 선물로 쌍안경을 받았다.)
- 계속적 용법의 구나 절을 문장 중간에 삽입할 때
  Her ambition, to become a doctor, was one step closer after she was accepted to medical school.
  (의사가 되고자 하는 그녀의 야망은 그녀가 의대에서 입학 허가를 받은 후 한 걸음 가까워졌다.)

4. 첨부 기능

- ◆ 단어를 문장 끝에 첨부할 때
  I think she is coming along with us, too. (나는 그녀 역시 나와 함께 갈 거라고 생각한다.)
- ◆ 구를 문장 끝에 첨부할 때
  The movie was too long, running over three hours from start to finish.
  (그 영화는 처음부터 끝까지 3시간 넘게 상영하면서 지나치게 길었다.)

Semicolon (;)

- ◆ 두 문장을 접속사 대신 이어 주는 기능 (문장 ; 문장)
  Soccer is a very popular worldwide sport; basketball is another with a large following.
  (축구는 아주 인기 있는 세계적인 스포츠다. 농구는 많은 팬을 갖고 있는 또 다른 세계적인 스포츠다.)
- ◆ 부연 설명하는 문장을 덧붙이는 기능 (문장 ; 접속부사, 문장)
  Twenty people interviewed for the job; however, only two were hired.
  (20명의 사람들이 취업 면접을 봤다. 그러나 단지 두 명만이 고용되었다.)
- ◆ 나열된 항목들의 길이가 길 때 구분해주는 기능
  When I was applying to colleges, I had to turn in a completed application form, with picture; three written recommendations, two from teachers and one from a counselor; and my test scores, which were sent to each school individually.
  (내가 대학에 지원하였을 때, 나는 사진이 붙은 완벽한 입학 지원서를 제출해야 했다. ; 3장의 자필 추천서, 그 중 두 장은 선생님들로부터, 1장은 상담가로부터 ; 그리고 각 학교에 개별적으로 발송된 내 시험 성적.)

Colon (:)

- ◆ 항목을 나열하는 기능
  The cities we visited on our vacation are as follows: Los Angeles, Seattle and Las Vegas.
  (내가 휴가 때 방문한 도시들은 다음과 같다 : 로스앤젤레스, 시애틀, 라스베가스.)
- ◆ 부제목을 표시하는 기능
  The book, George Washington: A Biography, details the life of the first American president.
  (조지 워싱턴이라는 책 : 최초의 미국 대통령의 삶을 상세하게 그린 전기.)

Hyphen (-)

- ◆ 단어와 단어를 결합해 주는 기능
  Sit-ups and push-ups are basic exercises that one can do to stay in shape.
  (윗몸 일으키기와 팔 굽혀 펴기는 건강을 유지하기 위해 할 수 있는 기본적인 운동이다.)
  I bought a hand-made sweater for my wife. (나는 아내를 위해 수제 스웨터를 샀다.)
- ◆ 전치사 to를 대신하는 기능
  She works from 9:00 am-6:00 pm everyday. (그녀는 매일 9시에서 6시까지 일한다.)
- ◆ 21에서 99사이의 수를 나타낼 때
  My father is thirty-six years old. (나의 아버지는 36세이시다.)

Hackers Writing Start

Answer 정답

정답 1st week | 라이팅을 위한 문법

1일 Daily Check-up p.24

1. **Taking** too much medicine may be harmful to your health.
2. His only hobby is **gardening**.
3. The girl stopped **crying** and looked up at her father.
4. I am used to **searching** for information on the Internet.
5. I decided **to start** working out.
6. You have **enough** intellect **to solve** the problem.
7. We found a study group **to take part in**.
8. They advised me **to be on time**.
9. He brought his wallet out **to show** them a picture of his family.
10. It rained/was raining **too much to go** fishing.
11. I am pleased **to meet** you.
12. I agreed **to clean** the kitchen.
13. She denied **cheating** on the test.
14. I object to **rescheduling** the meeting.
15. People should learn from their mistakes **in order to make progress**.

1일 Daily Test p.26

1. **Watching** too much television is bad for children.
2. My favorite way **to relieve** stress is **running**.
3. Above all, I enjoy **spending** time with my friends.
4. Through practice, I have become skilled at **playing** chess.
5. Most people prefer **working/to work** during the day, but I get my best work done at night.
6. The best part of **having** free time is **being able to relax/rest**.
7. Older people should learn **to keep their minds open**.
8. Leaders find ways **to motivate** others.
9. People watch movies **to take a break** from reality.
10. This makes **it** possible **for students** with low grades **to improve** their academic performance.
11. Long summer vacation allows students **to do** things that take a good deal of time, such as **visiting** relatives who live far away.
12. **To be** truly successful in life, one needs **to have** common sense.
13. Some tasks are **too** difficult **to handle** alone.
14. **It** would be nice **to live** in an area where the weather does not change on a daily basis.
15. I like **to live** life at a very fast pace.

2일 Daily Check-up p.32

1. The **talking** parrot attracted my attention.
2. The girl **coming** toward us is Jessica.
3. He enjoys eating **seasoned** steaks.
4. There were many people **invited** to the party.
5. I saw you **walking** a dog.
6. She **had** the printer **fixed**.
7. **Walking** down the street, I ran into Ben.
8. The thief ran around the corner, **followed** by a man.
9. **Not knowing** it was another student's fault, the teacher scolded me.
10. **Bored** with talking to him, I left the room with an excuse.
11. **Turning** left, you will find the convenience store.
12. **Walking** along the beach, we caught a crab.
13. **Not having** any money, I gave the beggar some food.
14. **Cornered** by his parents, the boy finally told the truth.
15. The pioneers moved West, **leaving** behind their old lives.
    (= **Leaving** behind their old lives, the pioneers moved West.)

2일 Daily Test p.34

1. The **growing** number of cars is related to the serious air pollution in big cities.
2. You would not want to live near a factory **emitting** chemical wastes.
3. Some programs **watched** by children are fun and educational.
4. You can find priceless wisdom **written** in books.
5. I **have seen** many students **idling away** outside during school hours.
6. **Growing** up in the countryside, I know the benefits of being outdoors for children.
7. **Given** the chance to meet a historical figure, I would want to meet Albert Einstein.
8. **When encountering** a poor service at a restaurant, I am quick to express my dissatisfaction.
9. **Asked** to send one thing representing my country, I would choose a semiconductor chip.
10. **Now having** a good boss, I realized how deficient the others were.
11. Lessons **learned** through personal experience stay with you; advice does not.
12. **Being afraid** of distractions, I prefer to study by myself.
13. **Well-planned** activities make your free time more enjoyable.
14. While **helping** their parents with household tasks, children can learn responsibility.
15. Cars **passing** through the neighborhood would be a constant disturbance.

3일 Daily Check-up p.40

1. She couldn't accept **the fact that** they finally broke up.
2. They pointed out **that** drinking alcohol is unhealthy.
3. He did not know **if/whether** there was a post office nearby.

4. I wrote about **what I experienced on the trip**.
5. Do you know **who those men are**?
6. **When I hear your voice,** my heart starts to pound.
7. I can find out **where Terry went**.
8. It's hard to explain **why I like rainy days**.
9. Tell me **how the accident happened**.
10. He stopped by **when you were in class**.
11. **If you marry Chris,** you will be unhappy.
12. **Since we are putting on weight,** we should eat less.
13. **Although the company went out of business,** its products are still being used.
14. **While I am living in New York,** I grew up in California.
15. I will buy some extra food **in case Brian comes**.

3일 Daily Test p.42

1. I agree **that parents are the best teachers**.
2. I believe **that television has reduced communication among family members**.
3. I doubt **if I would make such an important decision without my parents' advice**.
4. I will discuss **what has helped people live longer**.
5. He would like **what I like most about my town**.
6. **Before we build the new movie theater,** we need to know how it will affect the local economy.
7. You may wonder **who your roommate is going to be**.
8. **How hard someone tries** is more important than winning or losing.
9. **While many people study history,** a few recognize its value.
10. **If I had to choose,** I'd rather work at a high-paying job with long hours.
11. **Although computers have made our lives easier,** there are some drawbacks as well.
12. **When I'm stressed,** I go somewhere to be alone.
13. **While living in the city can often be stressful,** there are also many benefits.
14. **The fact that** someone is rich does not make him successful.
15. **How you learn** depends on **what kind of person you are**.

4일 Daily Check-up p.48

1. The man **whom you met yesterday** is my high school friend.
2. He is the ideal guy **whom I would like to date**.
3. She is a co-worker **who is helping me with the project**.
4. The teacher **who taught one of my classes last year** passed away.
5. The painting **that he bought** hangs in his living room.
6. I lent him the camera **that my father bought me**.
7. The machine **that is broken** will be fixed tomorrow.
8. He recommended me a book **which was on the best-seller list**.
9. My grades fell, **which worried my parents**.
10. My favorite childhood memories are the times **when I played baseball with my father**.
11. I know a girl **whose father is a professor at this university**.
12. I don't understand **the way she thinks**.(= ~ how she thinks.)
13. There is no **reason why you cannot go**.
14. The department store **where we shopped** was packed with people.
15. Students **that prepare in advance** usually do well on tests.

4일 Daily Test p.50

1. A co-worker **who is willing to help out at work** is appreciated.
2. Instant food, **which contains many preservatives,** is unhealthy for the body.
3. I'd like to work for a company **where I can advance quickly**.
4. Sometimes memories, **which can last for a lifetime,** are more valuable than jewelry.
5. Children **who start their education at an early age** have difficulty making friends.
6. These are some of **the reasons why it is better to save your money for the future**.
7. I like having friends **who I have a lot in common with**.
8. We live in a society **where people determine success by the amount of money they make**.
9. People often feel **that there is no one that understands them**.
10. Items **that are made by hand** often have the highest quality.
11. Parents **that push their children too hard** may cause them to rebel.
12. Good employees are hard to find, **which is why I would hire an experienced worker at a higher salary**.
13. It is easier to learn a language **when you are young**.
14. The best kind of friend is someone **who can make you laugh**.
15. I'd never want to be the type of parent **that pushes his children too hard**.

5일 Daily Check-up p.56

1. It is impossible **to defeat Superman**.
2. It's hard **for me to say good bye**.
3. It's true **that I love you**.
4. It turned out **that he was in Paris**.

정답 1st week | 라이팅을 위한 문법

5. Her height made **it** impossible **for her to be a famous model**.
6. It was fate **that** Sally ran into her college roommate at the grocery store.
7. **It was in the bookstore where** I first saw you.
8. **It was the book that** I lost.
9. **It is the weather that** makes you gloomy.
10. **It took** 10 years **to finish** this book.
11. **It cost me** a week's salary **to buy** the blouse.
12. **There are** two men and a woman in the house.
13. **There is no** food in the fridge.
14. **There are some people** that have no sense of humor.
15. **There will be no** forest left after the land is developed.

5일 Daily Test ········· p.58

1. **It is necessary** to reduce the number of cars in Seoul.
2. **It is true that** advertising encourages people to buy unnecessary things.
3. **It is important that** teenagers get work experience from an early age.
4. **It is a person's dedication that** makes the difference between failure and success.
5. **It costs** a large amount of tax money **to improve** the roads and highways.
6. **It is success that** people strive for in their daily lives.
7. **There are dormitories** which offer high speed Internet access.
8. **There are few benefits** to watching television.
9. **There will be little use** for the post office in the future due to email.
10. **There will be** many online universities in the future.
11. **It is unlikely that** people will ever be satisfied with what they have.
12. **There are certain experiences** that shape a person's life.
13. Email has made **it easy for people to keep in touch**.
14. **It is hard for me to put down** a good book.
15. **There is a time** when teenagers must start making their own decisions.

6일 Daily Check-up ········· p.66

1. I am **as busy as** I was yesterday.
2. She spent **as much time as she could** with her child.
3. He is **not as handsome as** his brother.
4. The test was **easier than I expected**.
5. Ron is **the fastest** runner on the team.
6. **The most effective** way to prevent jaywalking is by increasing fines.
7. Japan's population is **four times as big as** North Korea's.
8. **The more** people have, **the more** they want.
9. You should quit **drinking and smoking**.
10. Taking a foreign language is **not mandatory but recommended**.
11. I **most recently** worked for a bank.
12. Learning can be **both** fun **and** rewarding.
13. She is **not only smart but also very kind**.
14. Your guess is **as good as** mine.
15. It is more important **to do a thorough job** than **to finish quickly**.

6일 Daily Test ········· p.68

1. Spending time alone is **not as pleasant as** sharing time with friends.
2. College was **the most rewarding time** of my life.
3. Giving students several short vacations will **most likely** encourage studying.
4. By waking up early, I have extra time to **either exercise or eat breakfast**.
5. A large salary will allow me to **either buy a house or save for the future**.
6. A center for business research will help **both the local and neighboring economies**.
7. Physical education should be **not optional but required**.
8. Strong communication skills are important **not only in business but also in personal matters**.
9. I found that **working** in a small company is **as rewarding as working** for a large corporation.
10. Teenagers should focus **more on studying than earning money**.
11. I prefer to get things done **as quickly as possible**.
12. Literature classes are **not as useful as** science classes.
13. To some, pets are **as close as** family members.
14. Usually, young people are **more open-minded than** older people.
15. Large companies are **more stable than** small firms.

1주 Review Test ········· p.70

1. People should learn **to try** new things.
2. **Working for someone else** does not appeal to me.
3. A friend **who I can have good conversations with** is important to me.
4. Students learn more **when they are interested in the subjects they study**.
5. Games are **more enjoyable** when you win.
6. I'd like to live in an area **where there is little crime or pollution**.
7. **There are** better ways to spend the taxpayers' money.

8. An apartment is **not as spacious as** a house.
9. Students should not be forced t**o wear uniforms**.
10. **It takes** time for me **to become** comfortable with people.
11. Movies are **the most popular form of** entertainment.
12. **As I was growing up**, my father was my role model.
13. Eating out is **not only** cheap **but also** very convenient.
14. **It seems** foolish to spend all your money.
15. **Reading and writing** are fundamental skills (that) everyone must learn.

정답 2nd week | 유형별 필수 표현

1일 Daily Check-up · p.82

1. **It is evident that** something is wrong.
2. **I agree with** the writer of the article.
3. **I object that** the decision is made without me.
4. Going to college **may not be desirable for** everyone.
5. **I prefer** contact lenses **to** glasses.
6. **I strongly support the idea of** a national holiday on election day.
7. **I am very against the idea of** using animals in product testing.
8. **In my opinion,** it is the best show on television.
9. **I question whether** all males need to go to the military.
10. **Contrary to popular opinion,** every person's vote does matter.
11. **In support of this,** I would choose to have more handicapped facilities.
12. **The major problem of** a national language **is that** it discourages diversity.
13. **Given the choice between** writing a letter **and** sending an email, **I would choose** to write a letter.
14. **My view on this issue is that** people should be able to download music and movies from the Internet.
15. **This raises the question of** how the government plans to fund such a costly project.

1일 Daily Test · p.84

1. Traveling with a tour guide **may not be desirable for** everyone.
2. **It is evident that** computers have made finding information a much easier task.
3. **I question whether** college students should be forced to take classes they have little interest in.
4. **In support of this,** one can look at the countries that are technologically advanced.
5. **Contrary to popular opinion,** television is not responsible for the breakdown in family communication.
6. **I strongly support the idea of** having teachers evaluated by their students.
7. **I agree with** the statement that children should learn a second language as soon as they start school.
8. **I am very against the idea of** having a new high school built in my community.
9. **Perhaps** spending time alone **has its advantages, but I prefer to** be with my friends when I have the chance.
10. **This raises the question of** whether it is beneficial to have a single world culture.
11. **My view on this issue is that** a high salary cannot make up for the time lost with loved ones.
12. **Some people think that** peers are the most important influence on young adults, **but I disagree with this point of view for several reasons.**
13. **Given the choice between** purchasing a house **and** owning a business, **I would choose** the business.
14. **By and large, it is better to** allow teenagers to make their own decisions **for the reasons I have discussed above.**
15. **Some people may be opposed to** developing more land, but I feel it is necessary because of economic growth and overpopulation.

2일 Daily Check-up · p.90

1. **Similarly,** pets also require love and affection.
2. He **is similar to** his brother **in** personality.
3. **In the same way,** reading strengthens the mind.
4. **However, unlike** last year, I'll be taking a vacation from work.
5. **Conversely,** salaried workers do not get paid overtime.
6. **Compared with** the book, the movie was a huge disappointment.
7. **In contrast,** the latest model is simple to use.
8. Rebecca's parents were **in opposition to** her dropping out of college.
9. The old model **can not compare with** the new one.
10. **One of the most attractive features of** the girl's face is her smile.
11. **There is no single** method **that is totally** suited for everyone.
12. **Admitttedly, there are drawbacks to** having corrective eye surgery.
13. **On the one hand,** there is so much information on the Internet, **but on the other hand,** it is hard to find exactly what you're looking for.
14. **Contrary to the prediction by** the meteorologist, there was no sign of rain all week.
15. Annual check-ups **are every bit as important for** young people **as** they are **for** older people.

2일 Daily Test · p.92

1. **I am similar to** my friends **in** many ways.
2. **Compared with** other children, children who practice sports are better at setting goals and managing time.
3. Seeing a game on TV **can not compare with** watching it live.
4. **Similarly,** no method of learning works for everyone.
5. Employees **should be compared on the basis of** job performance, not seniority.
6. **Conversely,** people who work hard create their own luck.
7. **However, unlike** a person's looks, character cannot be

judged by a first impression.
8. Each form of public transportation **has its own advantages and disadvantages**.
9. In my opinion, **the advantages of** having a university as part of the community **far outweigh the disadvantages**.
10. Reading is an effective way for some to learn, **but is ineffective for** active learners like myself.
11. **Contrary to the prediction by** many experts, the Internet was not a passing fad but revolutionized the way we live.
12. **Although there are pros and cons to** learning through personal experience, it is more preferable than relying on the advice of others.
13. Advertising **is every bit as important for** consumers **as it is for** the companies that sell the products.
14. **Admittedly, there are drawbacks to** allowing young children to devote much of their extracurricular time to practicing sports.
15. Watching television **has long been a controversy among** parents who are in disagreement over the effects it has on their children.

3일 Daily Check-up ····· p.98

1. **I have convinced myself that** I must quit smoking.
2. **Consequently**, he had to go to see the dentist.
3. **That is why** I am against the death penalty.
4. **For this reason**, a new safety law was passed.
5. **Owing to** the rain, the picnic has been cancelled.
6. **As a result**, I missed my morning classes.
7. **This reflects** how much society has changed in the past 50 years.
8. **I would encourage** anyone **to** follow his dreams.
9. **There is no question that** starting a business takes hard work.
10. **It seems clear that** welfare reform is needed **for several reasons**.
11. **The truth of the matter is that** all newspapers are biased to some degree.
12. **This gives rise to** a huge demand in the IT industry.
13. **Therefore, we could expect to find these attributes in** a modern democracy.
14. **For all these reasons, I think that** it is better to try and fail than to never try at all.
15. **A good way to** meet people **is by** being actively involved in organizations.

3일 Daily Test ····· p.100

1. **Consequently**, I learned never to judge a person by his appearance.
2. **On the positive side**, the neighborhoods are safe and the people are very friendly.
3. **This reflects** the growth a child goes through to reach adulthood.
4. **There is no question that** many natural resources are in short supply.
5. People have learned much about other cultures **owing to** the popularity of foreign films.
6. **I would encourage** students **to** pursue the academic subjects that they are truly interested in.
7. **That is why** people should value reliability above all else when it comes to friendships.
8. **I have convinced myself that** all successful people share the common trait of ambition.
9. **There are several qualities** all successful people **have in common**.
10. **It seems clear that** students should wear uniforms **for several reasons**.
11. **As might be expected**, obedience is a quality that parents highly value.
12. **This gives rise to** equality among all people.
13. **For all these reasons, I think that** parents do not make the best teachers.
14. **A good way to** teach children responsibility **is by** giving them a pet to take care of.
15. **I think the most important aspects of** good parenting **are** patience and understanding.

4일 Daily Check-up ····· p.106

1. **Presumably**, you have work experience.
2. **I suppose** I should explain my opinion.
3. **In all likelihood**, the lawsuit will be settled out of court.
4. **I wish** I lived in Hawaii.
5. **As a rule, it would be good if** people showed up on time.
6. **Suppose** you only had six months left to live.
7. **If it were up to me, I would** ban violent shows on television.
8. **Here I am assuming that** such an invention does not already exist.
9. **Let's assume that** the global population keeps growing at its current rate.
10. **I believe** patience **is most needed when** raising a young child.
11. **I will loan you the money on the condition that** you pay me back within 6 months.
12. **One advantage would be** cheaper rent **if** you live with a roommate.
13. **I would gladly give up** my holidays **in order to** earn some extra income.

정답 2nd week | 유형별 필수 표현

14. Lawyers **may come across a case where** they know their client is guilty.
15. **If I had an opportunity to** go anywhere in the world, I **would want to** visit England.

4일 Daily Test ································· p.108

1. **Let's assume that** a business owner's sole purpose is to turn a profit.
2. **In all likelihood,** I would choose to visit France.
3. **Suppose you lived** in a city with no parks or recreation centers.
4. **If it were up to me, I would** make the classes smaller and hire more teachers for the school.
5. **I believe** compatibility **is most needed when** choosing your friends.
6. **My decision would be to** go back to Europe during the Renaissance period.
7. **I would** take a camera **on the condition that** I have many rolls of film.
8. **I would gladly give up** junk food **in order to** live longer.
9. **As a rule, it would be good if** everyone exercised an hour a day.
10. Parents **may come across a case when** a decision should be made for a teenager, but explanations must be given.
11. **If I had an opportunity to** meet a famous athlete, **I would want to** meet Michael Jordan.
12. **If you are the kind of person who** values security, you would be better off saving your money for a rainy day.
13. Learning through books **would not be enough when** I truly want to know about a particular subject.
14. **If I were asked to** show a visitor the sights of my country, **I would** take him to Cheju Island.
15. **One advantage would be** healthier students **if** schools improved the quality of their cafeteria food.

5일 Daily Check-up ································· p.114

1. **To give you an idea,** it is the size of an orange.
2. **Not only that, but** the company is known for the high quality of its products.
3. **Now, let's explain** why it is important to recycle.
4. **In particular,** it is better to be content with what you have.
5. **To illustrate** my point, here is a simple example.
6. **On top of that,** I got into a car accident after I received the speeding ticket.
7. **For instance,** horses were the primary means of transportation.
8. **To be specific,** there are two main reasons why the company was successful.

9. **In another case,** a petition helped save the city park.
10. **From my experience,** the truth can be stranger than fiction.
11. Speeding is illegal, **not to mention** dangerous.
12. **Studies have indicated that** regular exercise can reduce the risk of heart attacks.
13. **As the old saying goes,** you can't judge a book by its cover.
14. Investments **can be classified in several ways.**
15. **There are two examples to show** you **how** to write a résumé.

5일 Daily Test ································· p.116

1. **For instance,** my most treasured possession is a necklace that my parents bought for me on my 16th birthday.
2. **In another case,** a study showed that the literacy rate was nearly 100% in all developed countries.
3. **To be specific,** I go to the gym and play tennis.
4. **Now, let's explain** why some people are attracted to such extreme sports.
5. **From my experience,** appearances can often be deceiving.
6. **On top of that,** students are completely free to make their own decisions when studying in a foreign country.
7. **In particular,** people often visit museums to learn about the history and culture of the area they are visiting.
8. **As the old saying goes,** actions speak louder than words.
9. **Aside from** medicinal uses, aloe vera is also used in cosmetics and lotions.
10. Games can be educational, **not to mention** entertaining.
11. **Experts would verify that** human activity has depleted the Earth of much of its natural resources.
12. **Some people presume that** money is the only motivation for working.
13. **The majority of people seem to agree tha**t television and movies can influence behavior.
14. **As one might expect,** computers have completely changed the way students access and research information.
15. **Studies have indicated that** people who are exposed to secondhand smoke are at a greater risk of cancer than smokers themselves.

6일 Daily Check-up ································· p.122

1. **As we have seen** in the past, war does not benefit anyone.
2. **In other words,** we're in trouble.
3. **On the whole,** I am satisfied with my job.
4. **In this way,** scientists were able to find a cure for the disease.
5. **Moreover,** there are risks involved with this type of surgery.
6. **Generally speaking,** it takes four years to finish college.

7. **In short,** I would recommend this book to anyone who has an interest in world history.
8. **To some extent,** I agree with his position.
9. **In view of** the evidence, the judge granted the defendant's appeal.
10. **In addition to** tuition, college students must also pay for room and board.
11. **Putting it succinctly,** the educational system needs to change.
12. **As you can see,** too much fast food is not healthy for the body.
13. **As I have noticed,** more and more people go online to do their shopping.
14. **For the most part,** organizers felt the event went smoothly.
15. **To summarize,** the best way to keep your bones healthy is to exercise regularly and drink plenty of milk.

6일 Daily Test ········· p.124

1. **On the whole,** a new university would be quite beneficial for the community.
2. **As it is,** there are more than enough companies developing computer technology.
3. **Moreover,** history often repeats itself and is an indicator of things to come.
4. **On the whole,** people who are reliable tend to make the best friends.
5. **To summarize,** I feel the dining room is the most important room in the house because it brings families together to communicate and eat.
6. **As we have seen,** celebrities often say things which are ill-advised and uninformed.
7. **In this way,** complaining in person is much more effective than a written complaint.
8. **As I have noticed,** reliable friends are hard to come by.
9. **As far as friends are concerned,** the most important thing is to have a similar sense of humor.
10. **All things considered,** I prefer living in a climate that has four distinct seasons.
11. **For the most part,** a new shopping center in the neighborhood is a good idea, but we must be aware of the negatives as well.
12. **In a nutshell,** I prefer to get up early in the morning and finish work in the late afternoon.
13. **Last but not least,** lifetime employment discourages productivity.
14. **To summarize,** purchasing a house would be safer financially and also be more beneficial for my family.
15. **To some extent,** high school students should be able to choose their own courses.

2주 Review Test ········· p.126

1. **I prefer** choosing my own roommate **to** being assigned one.
2. **In my opinion,** you should never borrow money from a friend.
3. **Admittedly, there are drawbacks to** having a university located in the community.
4. **In contrast,** people who do not value hard work are more likely to fail.
5. **As a result,** literacy is more important than ever.
6. **There is no question that** technology has made our lives easier.
7. **If it were up to me, I would** spend the money on improving the quality of the cafeteria food.
8. **Some people think that** childhood is the most important period of time in a person's life, **but I disagree with this point of view for several reasons.**
9. **As the old saying goes,** knowledge is power.
10. **To give you an idea,** the average person uses 300 liters of water a day.
11. **All things considered,** children should begin their education as soon as possible.
12. **For these reasons,** I think that attendance should be optional for college students.
13. **From my experience,** the most trying times in our lives are the most valuable.
14. **A good way to** start your day **is by** eating a healthy breakfast.
15. **Studies have indicated that** the Earth's climate is becoming warmer because of car emissions.

정답 | 3rd week | 주제별 필수 표현

1일 Daily Check-up p.142

1. a set of instructions
2. educationally deprived
3. student exchange program
4. alumni association
5. compulsory attendance
6. misguided belief
7. go on to further study
8. potential capability
9. outdoor activities
10. develop a positive self-image
11. peer group
12. interact with peers
13. course credit
14. Physical education
15. maturation process

1일 Daily Test p.144

1. There are numerous difficulties to overcome while **growing into adulthood**.
2. One should not underestimate the power of **peer pressure** to influence a person's behavior.
3. I would build a **youth-oriented** community center for teens to socialize at after-school.
4. It is common for schools to identify **promising youths** and accelerate their learning curve.
5. Another negative effect of advertising can be observed from its impact on **youth culture**.
6. Studies have also demonstrated that organized after-school sports activities reduce rates of **juvenile delinquency**.
7. Even **club meetings** need a lead facilitator to make sure that the meeting goes smoothly.
8. I feel students should **pursue a higher education** to become knowledgeable and well-rounded people.
9. When studying for my **college entrance exams**, I found it much easier to learn with a teacher pushing me.
10. Many students prefer dormitories over **off-campus life** because of convenience and location.
11. Striving to be a **well-educated person** should be the top priority of all students.
12. Studying in a group teaches students how to **work in teams**.
13. A teacher who is patient and can clearly explain new information helps to facilitate the **learning process**.
14. These courses are important and shouldn't be relegated to optional **extracurricular activities**.
15. After gaining **university admission**, many students skip most of their classes during freshman year.

2일 Daily Check-up p.154

1. public figures
2. poll the public
3. invade one's privacy
4. urban sprawl
5. community center
6. social security system
7. privileged class
8. civilized society
9. national identity
10. spoil a child
11. community facilities
12. promote the public good
13. contribute a great deal to
14. a sense of belonging
15. homeless shelter

2일 Daily Test p.156

1. These days, many college students choose to study outside of **their native country**.
2. A **cranky neighbor**'s bad attitude can make it difficult to live next door.
3. I enjoy making new friends **from all walks of life**.
4. Children who help with the **household chores** learn responsibility at an early age.
5. In many **advanced countries**, finding clean water sources has become a difficult task.
6. **Developing countries** like Thailand are attractive to visit because much of the land is still in its natural state.
7. School uniforms remain a **divisive issue** for students and parents alike.
8. Our government should **establish a rule** protecting the little land that is left from commercial development.
9. A person I would like to meet would be Abraham Lincoln, a **far-sighted leader** who had the courage to fight slavery.
10. However, it takes time to **build up trust** with the neighbors in your community.
11. In college towns, **short-term residents** are likely to be students who plan on leaving the area upon graduation.
12. When you **dress up** for an occasion, you tend to act with more socially refined manners.
13. Though the **popular sentiment** may be to never give up on your goals, I believe there are times when you should.
14. Some people shy away from leadership because they feel awkward in a group and lack the **social skills** to lead.
15. Just because someone has ample work experience doesn't necessarily mean he will perform well in a **managerial position**.

3일 Daily Check-up — p.166

1. health risks
2. natural resources
3. Secondhand smoke
4. main culprit
5. healthful eating / healthy eating
6. food stands
7. medical research
8. folk remedies
9. auto emissions
10. Drug addiction
11. environmentally friendly policy
12. cut fat and calories
13. Factory wastes
14. environmental degradation
15. fatal accidents

4일 Daily Check-up — p.178

1. take the middle ground
2. optimistic view
3. offensive remarks
4. keep their composure
5. eye-for-an-eye mentality
6. deep-rooted prejudice
7. hold a different opinion
8. gained in popularity
9. pure luck
10. human dignity
11. meet the demand
12. Long-term hostilities
13. ambivalent attitude
14. a sense of accomplishment
15. stay out of trouble

3일 Daily Test — p.168

1. In order to **stay in shape**, students need to engage in exercise on a daily basis.
2. People may **come down with** allergies or other more serious illnesses due to pollution.
3. An **annual check-up** plays an important part in the early detection of numerous diseases.
4. Many **terminal diseases** will be eradicated with the advancements in gene therapy.
5. Taking ginseng strengthens your **immune system**.
6. As **life expectancy** continues to increase, the need for more retirement savings has also increased.
7. It has been medically proven that second hand smoke causes **deadly diseases**.
8. Taking **public transportation** is an environmentally friendly alternative to driving a car.
9. Comparatively, the **crime rate** is higher in a big city than in the countryside.
10. Not only are big cities polluted, **traffic congestion** makes traveling a time-consuming chore.
11. **Smoke emissions from the factory** will surely impact the quality of life in the community.
12. Finding solutions to **environmental concerns** is a more important cause than supporting the arts.
13. Weapons of **mass destruction** will be the biggest threat to world peace in the 21st century.
14. Eco-tours can teach you more about an **endangered species' habitat**.
15. With people living in poverty and **food shortages** a major concern, money should not be spent on technology.

4일 Daily Test — p.180

1. The desire to learn is an **intrinsic quality** for anyone who wishes to succeed in life.
2. The main concern of any good neighbor should be to **respect the privacy of** others.
3. Seeing **facial expressions** is an invaluable part of communicating face-to-face.
4. Most young people prefer to avoid the **uninviting task** of household chore.
5. Generally, the happiest people are those who **maintain a positive outlook** on things.
6. There is a myth that a small town provides a **stress-free life** for all its inhabitants.
7. A bad roommate situation can cause you to feel **stressed out** all the time.
8. My **top priority** for my leisure time is to engage in an activity that is fun, interesting and relaxing.
9. Since I am **particular about** imperfections, I prefer machine made goods.
10. For example, governments can direct resources to improve the **standard of living** of many impoverished countries.
11. Coaches of youth sports teams find overzealous parents to be the biggest **pain in the neck** of their job.
12. It is even more important to leave it untouched if there isn't much natural land **left over**.
13. I prefer neighbors who do not **make a big fuss over** small issues between households.
14. Ambition and hard work are a **sure formula** for a successful future.
15. The position requires a **level-headed person** who is organized and can interact well with others.

정답 3rd week | 주제별 필수 표현

5일 Daily Check-up ········· p.190

1. online community
2. file sharing
3. technological advancements
4. give a concert
5. genetic engineering
6. semi-conductor chips
7. vicious cycle
8. housing problem
9. processing the information with a computer
10. live performance
11. mass media
12. art exhibitions
13. car repair
14. soap operas
15. save face

5일 Daily Test ········· p.192

1. In the past, Asian cultures emphasized the quality of **filial piety**.
2. Progress is often viewed as a **double-edged sword**.
3. The **space exploration** program can also develop technology that may solve some of the Earth's problems.
4. Being an **illiterate individual** in today's society puts you at an enormous disadvantage.
5. **International communication** has become possible for the average person through email and cheap global calling rates.
6. Students can use the Internet to search for **up-to-date information** and news.
7. Greece is a country that is highlighted by its **rich cultural heritage** and history.
8. **Non-traditional ways** of learning may prove to be more effective than the regular classroom.
9. For example, my father dislikes anything that causes him to **make adjustments** in his life.
10. I've always been interested in studying the principles of **Confucian ethics**.
11. **State-of-the-art-technology** has played a vital role in linking many of the world's cultures together.
12. Some people are **creatures of habit**, while others come to embrace change.
13. **Information technology** has completely revolutionized the way people live their lives.
14. The **auto industry** is responsible for much of the air pollution found in the environment.
15. Naturally, children will feel more comfortable speaking **their first language**.

6일 Daily Check-up ········· p.202

1. budget cutback
2. per capita income
3. customer satisfaction
4. make a living
5. get a complete refund
6. monetary contributions
7. work environment
8. impulse buying
9. get ~ business off the ground
10. high caliber
11. job market
12. career preparation
13. manual labor
14. incidental expenses
15. free market principle

6일 Daily Test ········· p.204

1. It may require a great deal of time to **make up the loss** from one bad decision.
2. Agricultural research can significantly increase the **annual output** of crops.
3. When traveling with a companion, you are able to **split the costs** of food and accommodations.
4. I would rather **inves**t my **money in** a house because it is safer financially.
5. Most people stay in the city because it is easier to **make a good living** there.
6. College students often fall into the trap of **running up debt** while in school.
7. As a **job seeker**, I would choose the type of company that best suits my needs.
8. Working for an employer, **on-the-job training** is provided and health care is paid for.
9. Most people continue to **hold down** a job that they despise simply because they need the money for **life's expenses**.
10. Governments depend on **tax revenues** to fund many of their space exploration programs.
11. I would prefer working long hours at a high paying job to decrease the possibility of **financial hardship**.
12. Most people in the **work force** do not enjoy their jobs.
13. The assumption is that such a **performance-based pay system** will produce better teachers.
14. Regardless, it is prudent to put at least enough in your **savings account** for emergency needs.
15. Students whose families are not **well off** will face obstacles to studying at home using high technology.

3주 Review Test 답 p.206

1. In my opinion, everyone should be given the opportunity to **pursue a higher education**.
2. The major problem of using email to communicate is that it is **highly impersonal**.
3. I strongly support the idea of children doing **household chores** at an early age.
4. Admittedly, there are drawbacks for teenagers **holding down** a part-time job while still in school.
5. In my opinion, the advantages of **space exploration** far outweigh the disadvantages.
6. As a result, **life expectancy** has increased greatly in the past century.
7. For this reason, I set aside a portion of my paycheck into a **savings account** every month.
8. A good way to **stay in shape** is by lifting weights.
9. If it were up to me, I would spend money on building more highways to ease **traffic congestion** for commuters.
10. Let's assume that **material prosperity** is the definition of success.
11. For instance, bowing to my elders is a custom of **my native country** that I still practice.
12. Studies have indicated that secondhand smoke is a cause of many **respiratory diseases**.
13. From my own experience, it can take years to **build up trust** in a relationship.
14. All things considered, I feel it is more important to be able to work individually than it is to **work in teams**.
15. In addition to cheaper costs, issues of **personal safety** are less worrisome when traveling with a companion.

정답 4th week | 에세이 쓰기

1일 Daily Check-up p.220

서론	아이들이 스포츠 연습을 하는 데 많은 시간을 보낼 때, 몇 가지 장점과 단점이 있을 수 있다. (Children who spend a lot of time practicing sports enjoy several advantages, but also face up to a number of disadvantages.)
본론1	아이들은 운동하는 많은 시간 동안 많은 장점을 얻는다. (Children enjoy a number of advantages when they spend a lot of time practicing sports.) - 신체적 건강을 증진시킨다. (Foster better health and physical fitness in children) - 아이들은 사교적 기술을 발달시킨다/팀워크나 협동을 배운다. (Develop social skills / Help children learn teamwork and cooperation)
본론2	그러나 운동하는 데 많은 시간을 쏟는 아이들은 또한 많은 단점을 가지기도 한다. (However, children who spend a lot of time practicing sports also face up to a number of disadvantages.) - 아이들이 학교에서 집중할 수가 없다./ 숙제에 집중할 시간이나 힘이 거의 없다. (Much time spent on sports can distract children from schoolwork / Little time or energy to do homework) - 부상 당하기 쉽다. / 일부 운동은 위험하다. (Greater likelihood that injuries will occur / Some sports are dangerous.)
결론	결론적으로, 부모들은 아이들이 많은 여유 시간을 운동 연습을 하는 데 보내는 것의 장점과 단점을 신중하게 비교해 보아야 한다. (In conclusion, parents must carefully weigh the benefits and drawbacks of young children spending much of their free time practicing sports.)

1일 Daily Test p.221

서론	소도시와 대도시 모두에서 사는 직접적인 경험을 해본 후, 나는 대도시에 사는 것을 선호한다. (Having firsthand experience living in both a small town and a big city, I prefer to live in a big city.)
본론1	대도시는 다양한 인종 그룹을 접할 수 있게 해준다. (The big city offers greater exposure to a diversity of ethnic groups.) - 많은 종류의 사람들/ 모든 종류의 문화에 노출된다. (Many different types of people/Exposed to all types of cultures) - 제2의 언어를 배우기가 더 쉽다. (Easier to learn second language)
본론2	대도시는 다양한 풍미의 음식에 대한 선택의 폭이 넓다. (There is a wider choice of food in the big city that caters to varied tastes.) - 다양한 종류의 음식(많은 다른 종류의 민족 특유의 음식) (Wide variety of food (many different types of ethnic foods)) - 싸다/가격이 적당하다(음식 가판대, 패스트 푸드 등) (Cheap/affordable (food stands, fast food, etc.))
본론3	대도시의 교통 체계는 소도시보다 더 발달되고 적절하다. (Transportation facilities in the big city are better developed and more adequate than in the small town.) - 지하철이 싸다/편리하다. (Subway is cheap/convenient) - 광범위한 버스 시스템/자가용이 필요 없다. (Extensive bus system/No need for a car)
결론	나는 젊고 삶을 경험해보고 싶기 때문에, 대도시에서 사는 것은 내가 중요하게 생각하는 장점을 제공한다. (Being a young person and anxious to experience exciting life, living in a big city offers the kind of advantages I value.)

2일 Daily Check-up · p.228

서론	역사와 문학을 배우는 데 대한 필요성을 부인할 사람은 아무도 없겠지만, 학생들은 그들 시간의 더 많은 부분을 과학과 수학을 공부하는 데 할애해야 한다. (Though no one will deny the importance of learning history and literature, students should focus more of their time studying science and mathematics.)
본론1	과학과 수학에 밝은 학생들에게는 더 많은 취업 기회가 열려있다. (There are more job opportunities available for students of science and mathematics.) - 과학자들과 기술자들에 대한 수요는 언제나 있다.(Scientists and engineers are always in demand) - IT회사들을 포함한 대부분의 회사들이 수학에 대한 많은 배경 지식(기본적인 프로그래밍 기술과 계산법)을 요구한다. (Most companies including IT firms require a strong background in math. (basic programming skills and calculus needed)) - 과학과 기술 분야에서의 성장이 가장 두드러진다.(Biggest growth in areas of science and technology)

본론2	수학과 과학은 일상 생활에서 실용적인 용도를 갖는다. (Mathematics and science have practical uses in everyday life.)
	- 수학은 일상적으로 사람들에 의해 사용된다(예. 돈 문제, 시간)
	  (Math is used by people on an everyday basis.(ex. money matters, time))
	- 과학은 사회에 있어서 삶을 더 쉽고 안전하게 만들었다.(병의 치료법, 발명품 등)
	  (Science has made life easier and safer for society.(cures for diseases, inventions, etc.))
	- 통계(인구 조사, 주식 시장에서 사용된다)와 확률(날씨/비올 가능성에 주로 사용된다.)
	  (Statistics(used in census, stock market) and probability(used mainly in weather/chance of rain))

결론	과학과 수학은 우리의 삶에서 매우 중요한 부분이기 때문에, 학생들은 이러한 과목에 대한 견고한 기초를 갖고 있어야 한다.(With science and math being such an important part of our lives, students should have a solid foundation in these subjects.)

2일 Daily Test · p.229

서론	나는 그 땅에 아이들이 경이로운 자연을 탐험할 수 있는 장소를 만들겠다. (I would use the land to build a special area where children can explore the wonder of nature.)
본론1	한국에는 아이들이 자연을 탐험할 만한 시설이 부족하다. (Korea lacks facilities where children can explore the wonders of nature.) - 한국의 대도시에서나 몇몇 이용할 만한 시설이 있다. (Only a few facilities available in major cities in Korea) - 그나마 있는 시설도 아이들이 탐험할 만한 것이 그리 많지 않다. (Existing facilities do not offer children much to explore)
본론2	그 특별 시설은 자연 공원과 숲, 스포츠나 다른 놀이를 위한 거대한 운동장 등을 제공할 것이다. (The special facility would offer a nature park and woods, and an enormous playground for sports, games and other play areas.) - 아이들은 숲속을 마구 돌아다닐 수 있다.(Kids can roam through the woods.) - 동물과 식물에 대해 배움 (Learn about animals and plants) - 코치를 고용해서 여러 스포츠를 가르치게 함 (Hire coaches to teach different sports) - 콘테스트나 이벤트를 개최함 (Hold regular competition and events)

정답 4th week | 에세이 쓰기

결론 요약해 보면, 만일 내게 내 맘대로 쓸 수 있는 땅을 얻는 행운이 생긴다면, 나는 아이들이 자연의 경이로움을 즐기고 그 속을 탐험할 수 있도록 특별한 장소를 짓기 위해 투자자들을 모을 것이다.
(In summary, if I were so fortunate as to have received some land to use as I wish, I would find investors to build a special area where children can explore and enjoy the wonders of nature.)

3일 Daily Check-up p.232

1. When I need to complain about a product or poor service I prefer to do it in person.
 (내가 상품이나 질 낮은 서비스에 대해 불만을 표시할 필요가 있을 때, 나는 그것을 직접 하는 것을 선호한다.)

2. While attending[1] college many students have the option of either living in a dormitory or residing in an off-campus apartment.[2]
 (대학교에 다니는 동안, 많은 학생들이 기숙사에 살지, 캠퍼스 밖의 아파트에서 살 지에 대한 선택에 놓이게 된다.)
 I'd prefer spending[3] my college years in a university dorm. (나는 대학 시절을 학교 기숙사에서 보내는 것을 선호한다.)

[1] While ~ing : ~하는 동안에, ~하면서
[2] either A or B: A와 B 둘 중 하나
[3] prefer ~ing(to 부정사) : ~하는 것을 더 좋아하다

3일 Daily Test p.233

1. The primary purpose of a university is to convey knowledge to its students. Therefore it seems reasonable to expect that the university prioritize[1] spending on[2] its libraries rather than on students' sports activities. However, good physical health is an integral[3] part of student life these days and contributes to shaping a well-rounded[4], successful student. Moreover, universities can establish a reputation through its sports activities. Therefore, I agree that a university should give the same amount of money to their students' sports activities as they give to their university libraries.

 (대학의 주된 목적은 학생들에게 지식을 전달하는 것이다. 그러므로 대학이 학생들의 스포츠 활동 보다는 도서관에 대한 지출에 우선순위를 매기는 것을 기대하는 것이 합리적으로 보인다. 그러나 좋은 신체적 건강은 오늘날 학생들의 생활에서 꼭 필요한 부분이고, 균형 잡히고 성공적인 학생의 모습을 만들어 가는 데 도움을 준다. 게다가 대학은 스포츠 활동을 통해서 명성을 높일 수도 있다. 그러므로, 나는 그들이 대학 도서관에 주는 똑 같은 액수의 돈을 학생들의 스포츠 활동에 주어야 한다는 데 동의한다.)

2. Increasingly[5], studying abroad has become a popular alternative[6] for many students that attend college. Independence[7] and learning a new language are two of the reasons why some students choose to study outside their native country.

 (해외로 유학 가는 것이 대학에 다니는 많은 학생들에게 점점 더 인기 있는 대안이 되어왔다. 독립과 새로운 언어를 배우는 것이 일부 학생들이 모국에서 벗어나서 공부하는 것을 선택하는 두 가지 이유다.)

[1] prioritize: 우선 순위를 매기다
[2] spending on: ~에 대한 지출
[3] integral: 없어서는 안될, 꼭 필요한
[4] well-rounded: 신체가 잘 발달한, 균형 잡힌
[5] increasingly: 더욱 더, 점점
[6] alternative: 대안, 양자택일
[7] independence: 독립, 자립

4일 Daily Check-up p.236

1.
1) if you make a complaint in person, then you will get attention and a response immediately.
(당신이 집적 불평을 하면, 당신은 즉시 관심과 답변을 얻을 수 있다.)
2) when you are making an in person complaint, you can be more persuasive than if you write the same complaint.
(직접 불평을 할 때, 당신은 똑같은 불평을 쓰는 경우 보다 더 설득적일 수 있다.)
3) your complaint will be taken care of more quickly.
(당신의 불평은 신속하게 처리될 것이다.)

2.
1) Apartment life does have benefits that are unavailable in most dorms.
(아파트 생활은 대부분의 기숙사에서는 누릴 수 없는 장점들을 가지고 있다.)
2) In turn, dormitories offer many advantages that cannot be matched by apartments.
(마찬가지로, 기숙사는 아파트와 비교될 수 없는 많은 이점들을 제공한다.)

4일 Daily Test p.238

1.   Giving the same amount of money to sports activities as universities give to their libraries can encourage students to keep physically fit. It is common knowledge that regular exercise is essential to good health. A student who neglects physical activity is acting contrary to his own success as a student. For example, an unhealthy student may find himself more susceptible to[1] catching a cold. When this happens, he may have difficulty studying or concentrating in class. On the other hand, a student who regularly participates in sports activities will generally have more energy, both physically and mentally, and will probably do better in his studies.

In addition, spending the same amount of money on sports activities can give a university a name in sports. Although universities are valued for the academic knowledge they impart and for assisting students in attaining their career goals, some universities make a name for themselves through sports. Intra-university tournaments are held for such sports as basketball, volleyball, swimming and table tennis. University teams that claim victory in these tournaments give a university pride. To be able to do well in such tournaments, however, takes considerable investment. It takes time and money to prepare athletes for such events. Facilities needed by athletes must be available in order to make them competitive. Hence, spending the same amount of money on sports activities as universities spend on libraries is helpful in attaining a name in the sports arena.

(대학이 도서관에 지출하는 만큼의 비용을 스포츠 활동에 들이는 것은 학생들이 신체적으로 잘 단련되게 해준다. 규칙적인 운동이 건강에 필수적이라는 것은 상식이다. 육체적인 활동을 소홀히 하는 학생은 학생으로서의 성공에 반하여 행동하고 있는 것이다. 예를 들어, 건강하지 못한 학생은 자신이 감기에 걸리기 쉽다는 것을 알게 될 수 있다. 이런 일이 일어날 때, 그는 공부하거나 수업에 집중하는 데 어려움을 겪게 될 지도 모른다. 한편, 규칙적으로 스포츠 활동에 참여하는 학생은 대개 신체적, 정신적으로 더 많은 에너지를 얻을 것이고, 아마도 학업을 더 잘 해나가게 될 것이다.

또한, 스포츠 활동에 똑같이 비용을 지출하게 되면 대학은 스포츠에서의 명성을 얻을 수 있다. 비록 대학들이 전달하는 학문적 지식과 학생들의 직업적 목표 성취를 보조하는 것으로 평가되기는 하지만, 어떤 대학들은 스포츠를 통해서 명성을 얻기도 한다. 학교간 선수권 대회에서는 농구, 배구, 수영, 탁구 와 같은 스포츠 경기가 열린다. 이런 대회에서의 승리는 학교에 명예를 안겨 준다. 그러나 그런 대회에서 잘 해낼 수 있으려면 상당한 투자가 필요하다. 그와 같은 행사를 위해 선수들을 준비시키는 데 시간과 돈이 든다. 선수들이 필요로 하는 시설들은 그들을 경쟁력 있게 하기 위해서 이용 가능해야 한다. 그러므로, 대학이 도서관에 지출하는 것만큼의 돈을 스포츠 활동에 지출하는 것은 스포츠 분야에서 명성을 얻는 데 도움이 된다.)

2.   Many students choose to study in a foreign country because of the level of independence they have. While studying abroad, students live and make decisions on their own. Students can use this period of time for personal growth and change. They have more freedom to pursue areas of interest that might have been met with disapproval[2] at home. They have the freedom to make mistakes and to learn from the mistakes they make. Maturing is a process that students need to do in a separate environment away from family.

정답 4th week | 에세이 쓰기

Learning another language is another reason why some students study abroad. When learning a second language in their native country, students rarely use what they learn outside of the classroom. Living in a foreign country, students use the language constantly in school and in daily life. In addition, studying abroad allows students to pick up the language at a faster pace[3] and with greater comprehension. Part of truly mastering any language is understanding the customs and traditions of the country. Without the experience of living and studying abroad, fluency is a difficult task. In today's globalized world, being bilingual is a necessity in order to succeed.

(많은 학생들은 그들이 갖게 되는 독립성의 정도 때문에 외국에서 공부하기를 택한다. 외국에서 공부하는 동안, 학생들은 혼자 살고 스스로 결정한다. 학생들은 이 시기를 개인적인 성장과 변화의 시기로 이용할 수 있다. 그들은 집에서는 반대에 부딪칠 수도 있었던 흥미 분야를 추구할 더 많은 자유를 갖게 된다. 그들은 실수를 하고 자신이 한 실수에서 배울 수 있는 자유를 가진다. 성숙은 많은 학생들이 부모와 떨어진 환경에서 이루어 나갈 필요가 있는 과정이다.

다른 언어를 배우는 것은 일부 학생들이 유학 가는 또 하나의 이유이다. 모국에서 제2언어를 배울 때, 학생들은 교실 밖에서는 배운 것을 거의 사용하지 못한다. 외국에 사는 동안, 학생들은 학교와 일상 생활에서 끊임없이 그 언어를 사용한다. 게다가 해외에서 공부하는 것은 학생들이 더 빠른 속도로, 그리고 더 잘 이해하면서 언어를 익히도록 해준다. 진실로 어떤 언어를 습득하는 한 부분은 그 나라의 관습과 전통을 이해하는 것이다. 외국에서 머무르고 공부해 본 경험 없이, 언어를 유창하게 하는 것은 어려운 일이다. 오늘날과 같은 세계화 시대에, 두 가지 언어를 할 줄 아는 것은 성공하는 데 필수적이다.)

[1] susceptible to: (영향을) 받기 쉬운, 감염되기 쉬운
[2] might have been met with disapproval: 반대에 부딪칠 수도 있었다
[3] pick up the language at a faster pace: 그 언어를 더 빠른 속도로 익히다

5일 Daily Check-up ········· p.242

1. In conclusion, the best way to have a complaint heard is to do it in person.
   (결론적으로, 불평이 경청 되게 하는 최고의 방법은 직접 하는 것이다.)
2. The choice of housing can be a difficult one for students, but location and a built-in[1] social scene make living in a dormitory an easy one for me. (주거에 대한 선택은 학생들에게 어려울 수 있지만, 지리적 위치와 잘 갖춰진 사회적 배경 때문에 나로서는 내가 기숙사에서 사는 것이 쉬운 선택이다.)

[1] built-in: 갖춰진, 고유의

5일 Daily Test ········· p.243

1. In conclusion, universities are responsible for providing their students with a top grade education. But, focusing only on the classroom, library and intellectual aspect of school is a limited view of the university's responsibility. A university should spend an equal amount of money on sports activities as a way to assist its students to succeed in school and to establish a name in sports.

(결론적으로, 대학은 학생들에게 최고 수준의 교육을 제공할 책임이 있다. 그러나 단지 강의실, 도서관, 학교의 지식적인 면에만 초점을 맞추는 것은 대학이 가진 책임에 대한 제한된 관점이다. 대학은 학생들이 학교에서 성공하도록 돕고, 스포츠에서의 명성을 쌓기 위한 방법으로써, 똑같은 액수의 돈을 스포츠 활동에 써야 한다.)

2. Studying in a foreign country has become an attractive option for students who want independence or need to master a second language. Regardless of the reason, many students do not regret the experience.

(해외에서 공부하는 것은 독립성을 원하고 제2언어를 완벽하게 습득할 필요가 있는 학생들에게 매력적인 선택이 되어 왔다. 어떤 이유에서건, 많은 학생들은 그러한 경험을 후회하지 않는다.)

6일 Daily Check-up p.248

The best choice to take on a yearlong trip away from home is my laptop computer. Here I am assuming that there are enough basic facilities with which I can recharge the battery and to connect to the Internet. With a year's time, there are a number of interesting tasks that I could accomplish with the assistance of a laptop computer. A laptop would act as a travel guide through the information provided from the Internet and serve as a written chronicle[1] for my journey.

The first order of business would be to learn about the new place where I am living. I would access information from the Internet to learn about the people, history, geography, language, social customs, foods, weather and other miscellaneous[2] information about my new home. Possessed with this knowledge, I would feel more confident in my dealings with[3] the people around me.

Another very useful function of a laptop computer is recording your daily thoughts and deeds in a journal. At the end of the year I would have a detailed account of all my adventures on my trip away from home. If I am very motivated, I could begin to write a book or series of short stories for publication. Of course, I could also enjoy other functions on my computer. I could listen to music, watch movies or play video games for fun, or just pass the time when I am bored.

These are just a few of the many possible uses of a laptop computer. No matter if[4] you consider yourself a "computer person" or not, having a laptop computer with you on a long trip would help you to organize your activities and pass your time. It is the item of choice for me on a yearlong trip away from home.

내가 집을 떠나 1년 간 여행을 하는 데 추가적으로 필요한 물건에 대한 최선의 선택은 나의 노트북이다. 나는 이 때, 배터리를 재충전할 수 있고, 인터넷에 연결할 수 있는 기본적인 설비가 충분히 있다고 가정하고 있다. 1년의 기간동안, 내가 노트북의 도움으로 할 수 있는 흥미로운 일들이 많이 있다. 노트북은 인터넷에서 제공되는 정보를 통해 여행 가이드의 역할을 할 것이고, 나의 여행에 대한 기록으로써의 역할을 할 것이다.

일의 첫번째 순서는 내가 지내게 될 새로운 장소에 대해 배우는 것이 될 것이다. 나는 나의 새로운 고장의 사람들, 역사, 지리, 언어, 사회적 관습, 음식, 날씨, 그리고 기타 여러 가지 정보에 대해 배우기 위해 인터넷에서 제공되는 정보를 이용할 것이다. 이러한 지식을 갖고 있으면, 나는 내 주위의 사람들을 대할 때 자신감을 느낄 것이다.

노트북의 또 다른 아주 유용한 기능은 일상의 생각과 행동을 일기로 기록할 수 있다는 것이다. 연말에 나는 집을 떠나서 여행에서 얻은 나의 모든 진기한 경험의 상세한 기록을 갖게 될 것이다. 내가 원하면, 출판하기 위한 책이나 짧은 단편 모음을 쓰기 시작할 수도 있다. 물론 나는 내 컴퓨터에 있는 여타의 기능들을 즐길 수도 있다. 나는 지루할 때, 재미로 또는 단지 시간을 보내기 위해 음악을 듣거나, 영화를 보거나, 비디오 게임을 할 수도 있다.

이러한 것들은 노트북의 많은 가능한 용도 중 단지 일부이다. 당신이 자신을 컴퓨터를 자주 이용하는 사람이라고 생각하든, 하지 않든, 긴 여행에 노트북을 가지고 가는 것은 당신이 활동을 계획하고 시간을 보내는 데 도움을 줄 것이다. 이것이 집을 떠나 1년 동안 여행을 할 때 내가 선택할 물건이다.

[1] chronicle: 연대기
[2] miscellaneous: 잡다한, 갖가지의
[3] in my dealings with = when I deal with
[4] no matter if 주어 + 동사 (or not): ~이건 아니건 간에

6일 Daily Test p.250

1. Many people dread[1] the thought of having a bad supervisor. But, often these individuals are not sure about the qualities that make a good supervisor. It is important to seek out these qualities whenever looking for work because having a good supervisor makes all the difference[2] in the workplace.

정답 4th week | 에세이 쓰기

    The first quality to look for in a good supervisor is the ability to delegate[3] work efficiently and fairly. She[4] needs to understand the strengths and weaknesses of each of her supervisees and delegate work accordingly. In this way, each task will be assigned to the best-matched worker for the task and the job can be completed most efficiently. In addition, the delegation of work has to be fair. Overwhelming[5] one employee while not giving enough work to another can create impressions of favoritism.[6]

    Another quality of a good supervisor is the ability to motivate supervisees. The supervisor must keep a positive outlook[7] even in times of[8] crisis because her attitude has a great effect on the mood of the workplace. If she feels down[9] in times of difficulty, then the other employees will also lose hope, which will lower productivity. On the other hand, a supervisor who sets a good example by upholding her responsibilities and tackling the work with zeal[10] will inspire the same in her supervisees.

    Lastly, a good supervisor is always open to helping others in the workplace, whether they are her supervisees or other supervisors in the company. She can accomplish this by listening to the concerns of the employees and offering assistance as needed[11]. This may mean directly working on a problem with a worker or reducing the workload or assigning a co-worker to help with the task.

    These qualities of a good supervisor can be summed up as the ability to delegate work, motivate employees and assist others. A supervisor who exhibits these attributes will command the loyalty and commitment[12] of her supervisees.

많은 사람들은 지독한 상사를 갖는 것을 생각만 해도 싫어한다. 그러나, 종종 이런 사람들은 좋은 상사에게 필요한 자질에 대해 확신하지 못한다. 좋은 상사를 갖는 것은 직장에서 매우 중요하기 때문에 일을 찾을 때 마다 이러한 자질을 추구하는 것이 중요하다.

좋은 상사에게서 찾을 수 있는 첫 번째 자질은 일을 효율적이고 공정하게 맡긴다는 것이다. 상사는 부하 직원의 장점과 약점을 이해할 필요가 있고, 그에 따라서 일을 맡겨야 한다. 이렇게 함으로써, 각각의 일은 그 일에 대한 최적임자에게 할당될 것이고 그 일은 가장 효율적으로 완성될 수 있다. 뿐만 아니라, 일의 위임은 공정해야 한다. 다른 직원에게는 충분하지 않은 양의 일을 주면서, 한 직원에게는 지나치게 부담을 주는 것은 편애한다는 인상을 줄 수 있다.

좋은 상사의 또 다른 자질은 직원들에게 동기를 부여하는 능력이다. 상사의 태도는 직장 내의 분위기에 큰 영향을 미치기 때문에, 심지어 위기의 시기에도 상사는 긍정적인 견해를 유지해야 한다. 만약 어려운 시기에 상사가 우울해 한다면 다른 직원들도 희망을 잃게 될 것이고, 이것은 생산성을 낮추는 결과를 낳을 것이다. 한편, 책임을 확실히 지고, 열정적으로 부지런히 일함으로써 좋은 모범을 만드는 상사는 부하 직원들에게 똑같은 것을 고취시킬 것이다.

마지막으로, 좋은 상사는 직원들이든 다른 간부들이든 직장 내에서 다른 사람들을 돕는 데 항상 열려 있다. 상사는 직원들의 관심에 귀를 열고, 필요한 도움을 제공함으로써 이것을 할 수 있다. 이것은 직접적으로 직원과 같이 문제를 해결하고, 일을 줄여주거나 그 일을 도와 줄 동료 직원을 붙여 주는 것을 의미할 수도 있다.

이러한 좋은 상사의 자질은, 일을 위임하고, 직원들에게 동기를 부여하고, 다른 이들을 돕는 능력으로 요약될 수 있다. 이러한 자질을 보여주는 상사는 부하 직원의 충성과 헌신을 얻을 자격이 있다.

[1] dread: 두려워하다, 염려하다, 꺼리다
[2] make all the difference: 매우 중요하다
[3] delegate: 위임하다, 파견하다
[4] supervisor의 대명사. 여기서는 대표 성으로 여성을 택했지만, he를 써도 상관없다. 단, 글 전체에 같은 성을 유지해야 한다.
[5] overwhelm: 당황하게 하다, 질리게 하다
[6] 주어-overwhelming, 동사-can create, while not ~ing:~하지 않는 반면에
[7] outlook: 견해, 견지, 조망
[8] even in times of: ~일 때 조차도
[9] feel down: 우울해 하다
[10] by upholding ~ zeal: 책임을 확실히 지고 열정적으로 부지런히 일함으로써
[11] as needed: 필요한 대로, 필요하다면, 필요할 때
[12] command the loyalty and commitment: 충성과 헌신을 받아 마땅하다

www.goHackers.com

2.   I believe that it can be beneficial for teenagers to have jobs while still in school[1]. There are many valuable lessons that young people can learn from working a part-time job.

First and foremost[2], teenagers can learn how to be financially responsible through work. If they don't have any work experience, teens will neither recognize the value of money nor the effort their parents put forth[3] in providing for them. As young people earn their own money, they learn how to save and spend money wisely. I think it is very important for young people to learn how to become more financially independent from their parents.

Another benefit from work is that teenagers can learn valuable life lessons about cooperation and team play. In many workplaces, teens must learn how to function as a team in order to work together. For example, one of the most common jobs teens may have is working at fast-food restaurant. Each person has different responsibilities they must fulfill, but cooperation is needed for the restaurant to run smoothly and efficiently. Teenagers learn the value of getting along with their co-workers and how this translates into a more productive work environment[4].

Finally, teenagers can gain much needed work experience for their future occupations. Even while attending college, students may not get much practical working experience. As a result, many young people are unprepared for career-related jobs[5] upon graduation. Through internships, teenagers learn how to work in a professional environment and can make more specific career goals. The greater their work experience in a related field, the more qualified and attractive they will be to future employers[6].

In conclusion, teenagers should be encouraged to work a job while still attending school. Working would help teenagers learn how to manage money more responsibly, gain valuable work experience, and develop their social skills.

나는 학교에 다니는 동안 일을 하는 것이 십대들에게 유익할 수 있다고 믿는다. 청소년들이 시간제로 일함으로써 배울 수 있는 귀중한 교훈이 많이 있다.

무엇보다도 우선, 십대들이 일을 통해 금전적으로 책임을 지는 방법을 배울 수 있다는 것이다. 일을 해본 경험이 없을 경우, 십대들은 돈의 가치나, 그들의 부모님들이 그들을 부양하기 위해 들이는 노력을 알지 못할 것이다. 청소년들이 그들의 돈을 스스로 벌 때, 그들은 돈은 저축하고 현명하게 쓰는 방법을 배우게 된다. 청소년들이 금전적으로 그들의 부모님으로부터 독립하게 되는 방법을 배우는 것은 중요하다고 생각한다.

일로부터 얻는 또 다른 이점은, 십대들이 협동과 팀 플레이에 대해 귀중한 삶의 교훈을 배울 수 있다는 것이다. 많은 직장에서, 십대들은 함께 일하기 위해 한 팀으로서 활동을 하는 방법을 배워야 한다. 예를 들어, 십대들이 가질 수 있는 가장 흔한 직업 중의 하나는 패스트 푸드점에서 일하는 것이다. 각각의 사람들은 그들이 수행해야 할 각기 다른 책임을 갖고 있지만, 가게가 원활하고 효율적으로 운영되기 위해서 협력이 필요하다. 십대들은 그들의 동료들과 잘 지내는 것의 가치와 어떻게 이것이 더 생산적인 근무 환경으로 전환되는지 배우게 된다.

마지막으로, 십대들은 그들의 미래의 직업에 필요한 많은 직장 경험을 얻을 수 있다. 심지어 대학에 다니는 동안에도, 학생들은 실질적인 직장 경험을 많이 하지 못할 수도 있다. 그 결과, 많은 젊은이들이 대학을 갓 졸업했을 때, 관련 업무에 대한 경력이 요구되는 직업에 대한 준비가 되어 있지 않다. 인턴쉽을 통해, 십대들은 전문적인 환경에서 일하는 방법을 배울 수 있고 더 구체적인 직업 목표를 세울 수 있다. 관련 분야에서 직장 경험이 더 많을수록, 그들은 미래의 고용주들에게 더 자질이 있고 매력적으로 보일 수 있을 것이다.

결론적으로, 십대들은 학교에 다니는 동안 일을 하도록 격려 받아야 한다. 일을 하는 것은 십대들이 돈을 더 책임 있게 관리하고, 가치 있는 직업 경험을 얻고, 그들이 사교술을 발달시키는 방법을 배우도록 도와줄 수 있다.

[1] 학교를 다니는 동안에: while + 전치사구 형태 가능
[2] first and foremost: 무엇보다도 우선, 맨 첫번째로
[3] the effort their parents put forth= the effort which their parents put forth
[4] how this translates into a more productive work environment: 어떻게 이것(getting along with their co-workers)이 더 생산적인 업무 환경으로 변화되어 나타나는지
[5] career-related jobs: 관련 업무에 대한 경력이 요구되는 직업

정답 4th week | 에세이 쓰기

[6] to future employers: 미래의 고용주들에게

4주 Review Test p.252

      Some people watch their diet[1] carefully or make regular check-ups[2] in order to stay healthy. While all good options, I enjoy an active lifestyle and get plenty of rest to maintain good health.

      I feel the most important aspect to staying healthy is having an active life. Exercise has always played a vital role in both my physical and mental well-being[3]. When I go to the gym during the week, I concentrate on exercises that will improve my stamina[4] and increase my heart rate. I also try to go by foot to destinations that are within walking distance instead of taking public transportation. On weekends I enjoy playing a variety of sports. There are always pick-up basketball games[5] on my neighborhood court and my friends routinely meet to go rollerblading. Exercise is not the only means for an active lifestyle. Having hobbies and studying are both activities that stimulate the mind and promote mental awareness. For example, learning a second language has kept my mind sharp while being a source of enjoyment in my life.

      Getting plenty of rest is also another crucial part of maintaining good health. Sleeping at least seven hours a night ensures I'll be rested enough to meet the demands of a hectic[6] schedule. A set bedtime[7] makes it easier for my body to adjust to waking up in the morning without feeling rushed to get ready. On the days where I don't get enough sleep, I try to take a nap in the afternoon in order to have sufficient energy to get through the day. Besides sleep, I often take breaks during the day to relax. One of the most effective ways for me is to listen to music. When I'm feeling stressed from working or studying, I close my eyes and put my headphones on. The music clears my mind and recharges my batteries. Feeling refreshed, I'm able to concentrate at the task at hand.

      Although there are many ways to sustain good health, a busy lifestyle and sufficient rest have proven to be the most productive measures for staying healthy in my life. Life can be much more enriching when one is healthy in both body and mind.

몇몇 사람들은 건강을 유지하기 위해 그들의 식단을 주의 깊게 살피거나 정기 검진을 받는다. 모두 좋은 선택들이긴 하지만, 나는 건강을 유지하기 위해 활동적인 생활 방식을 즐기고, 많은 휴식 시간을 갖는다.

나는 건강을 유지하는 데 있어 가장 중요한 면은 적극적인 삶을 사는 것이라고 생각한다. 운동은 나의 신체적이고 정신적인 행복에 있어서 아주 중요한 역할을 한다. 나는 주중에 체육관에 갈 때, 체력을 향상시키고, 심장 박동 속도를 증가시킬 운동에 집중한다. 또한 나는 걸어서 갈 수 있는 거리 내에 있는 목적지에 갈 때는 대중 교통을 이용하는 대신 걸어가려고 노력한다. 주말에 나는 다양한 운동을 즐긴다. 주말에 우리 동네 코트에는 길거리 농구 경기가 열리고, 나의 친구들은 정기적으로 롤러 블레이드를 타기 위해 만난다. 운동이 적극적인 생활 방식을 위한 유일한 수단은 아니다. 취미를 갖는 것과 공부하는 것 둘 다 정신을 자극하고, 정신적인 자각을 증진시키는 활동이다. 예를 들어, 외국어를 배우는 것은 나의 삶에서 즐거움의 원천이면서, 나의 정신을 활발하게 유지시켜 주었다.

충분한 휴식을 취하는 것 또한 건강을 유지하는 데 있어 또 다른 중요한 부분이다. 적어도 하루에 7시간을 자는 것은, 몹시 바쁜 일정이 요구하는 것들을 충족시킬 만큼 내가 쉴 수 있도록 해 준다. 일정한 시각에 잠드는 것은 아침에 내 몸이 준비를 서두르지 않고도 깨는 데 적응하는 것을 쉽게 해 준다. 내가 충분한 잠을 자지 못한 날에는, 하루를 마무리해 갈 충분한 에너지를 얻기 위해서 오후에 낮잠을 자려고 한다. 잠 외에도, 나는 종종 쉬기 위해 낮 시간 동안 쉬는 시간을 갖는다. 나에게 휴식을 위한 가장 효과적인 방법 중의 하나는 음악을 듣는 것이다. 내가 일이나 공부로 스트레스 받을 때, 나는 눈을 감고 헤드폰을 낀다. 음악은 나의 정신을 맑게 해주고 내 배터리를 재충전 해준다. 상쾌한 느낌으로 나는 곧 일에 집중할 수 있다.

비록 좋은 건강을 유지할 수 있는 방법이 많긴 하지만, 바쁜 생활 방식과 충분한 휴식은 내 삶에서 건강을 유지하는 데 가장 생산적인 방법이라는 것이 입증되어 왔다. 우리의 몸과 마음이 모두 건강할 때, 삶은 훨씬 더 풍요로울 수 있다.

[1] watch their diet: 음식에 주의하다
[2] regular check-ups: 정기 검진
[3] well-being: 행복, 안녕, 복리
[4] stamina: 지구력, 체력

⁵ pick-up basketball games: 정식 경기가 아닌 간단한 규칙으로 재미 삼아 하는 농구
⁶ hectic: 몹시 바쁜
⁷ a set bedtime: 일정한 시각에 잠드는 것

HACKERS
WRITING START

개정 2판 12쇄 발행 2023년 10월 2일
개정 2판 1쇄 발행 2013년 8월 19일

지은이	David Cho	언어학 박사, 前 UCLA 교수
펴낸곳	(주)해커스 어학연구소
펴낸이	해커스 어학연구소 출판팀

주소	서울특별시 서초구 강남대로61길 23 (주)해커스 어학연구소
고객센터	02-537-5000
교재 관련 문의	publishing@hackers.com
동영상강의	HackersIngang.com

ISBN	978-89-6542-060-6 (13740)
Serial Number	02-12-01

저작권자 ⓒ 2017, David Cho
이 책의 모든 내용, 이미지, 디자인, 편집 형태에 대한 저작권은 저자에게 있습니다.
서면에 의한 저자와 출판사의 허락 없이 내용의 일부 혹은 전부를 인용, 발췌하거나 복제, 배포할 수 없습니다.